Sicher ist sicher. Bei aller Sorgfalt, die wir in der Recherche haben walten lassen, können sich Öffnungszeiten auch einmal kurzfristig ändern, oder ein Lokal ist gerade in Ihrer perfekten Côte d'Azur-Woche ausgebucht oder geschlossen. Darum empfehlen wir grundsätzlich, möglichst weit im Voraus zu reservieren. Ein kurzer Anruf genügt und Sie können sicher sein, zur vereinbarten Zeit einen Platz zu finden.

für die Süddeutsche Zeitung Edition
in Kooperation mit smart-travelling UG, Berlin
Reihe „Eine perfekte Woche ...“

Idee und Redaktion: Nancy Bachmann, Nicola Bramigk
Projektleitung: Sabine Sternagel
Produktmanagement: Jasmin Seitner
Texte: Mansur Ajang, Nancy Bachmann, Gilberte Hanska
Fotos: Namy Nosratifard, Nicola Bramigk S. 132, 134-137
Gestaltungskonzept: Verena Bettin
Gestaltung und Illustration: Cindy Bachmann, Rahel Streiff
Produktion: Daniela Mecklenburg
Herstellung: Thekla Licht, Hermann Weixler
Druck und Bindung: optimal media GmbH, Röbel/Müritz
Printed in Germany
ISBN: 978-3-86615-962-4

3. aktualisierte Auflage, 2016

SMART TRAVELLING

EINE PERFEKTE WOCHE ...
CÔTE D'AZUR

www.smart-travelling.net

SAINT-PAUL DE VENCE UND DAS VERTRÄUMTE HINTERLAND

Seite 13

1 Hotel/Restaurant:
La Colombe d'Or
Place du Général de Gaulle
Saint-Paul de Vence
Tel: 0033 (0)4 93328002
Seite 15

2 Hotel/Restaurant:
Toile Blanche
826, Ch. Pounchounière, St-Paul de V.
Tel: 0033 (0)4 93327421
Seite 23

3 Hotel:
La Maison du Frêne
1, Place du Frêne, Vence
Tel: 0033 (0)4 93243783
Seite 29

4 Restaurant:
La Fontaine
10, Montée de la Castre, St-Paul de V.
Tel: 0033 (0)4 93325801
Seite 35

5 Aktion:
Fondation Maeght
623, Ch. des Gardettes, St-Paul de V.
Tel: 0033 (0)4 93328163
Seite 41

LIEBLINGSADRESSEN AN DER CÔTE D'AZUR

6 Hotel/Restaurant:
Le Clos Saint Pierre
5, Place de l'Église, Le Rouret
Tel: 0033 (0)4 93773918
Seite 45

7 Aktion:
Le Marché de nos Collines
Chemin du Billard, Le Rouret
Tel: 0033 (0)4 93773421
Seite 53

8 Hotel/Restaurant:
Les Arcades
16, Place des Arcades, Biot
Tel: 0033 (0)4 93650104
Seite 57

VON MENTON ÜBER NIZZA BIS ANTIBES
Seite 65

9 Restaurant:
La Merenda
4, Rue Raoul Bosio, Nizza
Seite 67

10 Restaurant:
Chez Pipo
13, Rue Bavastro, Nizza
Tel: 0033 (0)4 93558882
Seite 75

LIEBLINGSADRESSEN AN DER CÔTE D'AZUR

11 Aktion:
Marché du Cours Saleya
Cours Saleya, Nizza
Seite 79

12 Café:
Maître Glacier Fenocchio
2, Place Rossetti, Nizza
Tel: 0033 (0)4 93807252
Seite 83

13 Restaurant:
Le Café de la Fontaine
4, Av. du Général de Gaulle, La Turbie
Tel: 0033 (0)4 93285279
Seite 87

14 Hotel/Restaurant:
Auberge de la Madone
3, Place Auguste Arnulf
Peillon-Village
Tel: 0033 (0)4 93799117
Seite 93

15 Hotel:
Hotel La Jabotte
13, Av. Max Maurey, Cap d'Antibes
Tel: 0033 (0)4 93614589
Seite 99

16 Aktion:
Musée Picasso
Place Mariejol, Antibes
Tel: 0033 (0)4 92905420
Seite 103

LIEBLINGSADRESSEN AN DER CÔTE D'AZUR

17 Aktion:
Stadtbummel durch Menton
Seite 107

SAINT-TROPEZ – EIN MAGISCHER ORT
Seite 113

18 Hotel:
Pastis Hotel Saint-Tropez
75, Av. du Gnrl. Leclerc, Saint-Tropez
Tel: 0033 (0)4 98125650
Seite 115

19 Hotel/Restaurant:
Villa Marie
Chemin de Val Rian, Ramatuelle
Tel: 0033 (0)4 94974022
Seite 121

20 Hotel/Restaurant:
La Réserve Ramatuelle
Chemin de la Quessine, Ramatuelle
Tel: 0033 (0)4 94449444
Seitc 127

21 Café/Bar:
Sénéquier
Quai Jean Jaurès, Saint-Tropez
Tel: 0033 (0)4 94972020
Seite 133

LIEBLINGSADRESSEN AN DER CÔTE D'AZUR

22 Restaurant:
La Magnan
3085, Route de Cogolin, La Môle
Tel: 0033 (0)4 94495754
Seite 145

23 Restaurant/Aktion:
Le Club 55
43, Boulevard Patch, Ramatuelle
Tel: 0033 (0)4 94555555
Seite 153

24 Restaurant:
La Farigoulette
Rue Victor Léon, Ramatuelle
Tel: 0033 (0)4 94792049
Seite 163

DIE RUHIGERE CÔTE – IN UND UM CASSIS
Seite 169

25 Hotel:
Maison°9
9, Av. du Docteur Yves Bourde, Cassis
Tel: 0033 (0)4 42083586
Seite 171

26 Restaurant/Bar:
Bada
Promenade Aristide Briand, Cassis
Tel: 0033 (0)4 42837009
Seite 179

☞ Weitere Adressen finden Sie unter www.smart-travelling.net

27 Restaurant:
La Poissonnerie Laurent
6, Quai J. Jacques Barthélémy, Cassis
Tel: 0033 (0)4 42017156
Seite 187

28 Aktion:
Route des Crêtes
Seite 197

29 Aktion:
Domaine la Suffrène
1066, Ch. de Cuges, La Cadière d'Azur
Tel: 0033 (0)4 94900923
Seite 203

GUT ZU WISSEN
Tipps, Ausflüge,
Spaziergänge
Seiten 209 – 240

LE CLUB 55
Fondé en 1955

BANDOL
DOMAINE
LA SUFFRENE
BANDOL
DOMAINE
LA SUFFRENE

DIE BLAUE KÜSTE

Die endlos blaue Farbe des Meeres, die sich nahtlos mit dem Horizont vermischt, das glitzernde Gold der Sonne und das satte Grün der Pinienwälder, aus denen sich die massive Bergkulisse hervorhebt, machen diesen Fleck Erde zu einem paradiesischen Garten für Entdecker. Maler, Bildhauer und Schriftsteller pilgerten um die Jahrhundertwende in die noch unberührte Region, um sich von dem Farbenspiel der Küste inspirieren zu lassen. Das ruhige Dorfleben verwandelte sich schnell zu einem Jahrmarkt der Eitelkeiten. Pablo Picasso, Brigitte Bardot und Jean Cocteau formten das Wahrzeichen der blauen Küste und zogen die ganze Welt in die verschlafenen Fischernester. Der Kontrast zwischen exzessiven Champagner-Partys und dem alltäglichen Dorfleben im Hinterland besteht noch heute. Doch steht dem Glanz der alten Zeiten eine Aufbruchstimmung entgegen, die Menschen aus aller Welt dazu bewegt, aus ihrem früheren Leben auszusteigen und sich mit einem Hotel, einer Strandbar oder einem eigenen Restaurant in dieser Region sesshaft zu machen und am Lebensgefühl der Côte d'Azur teilzunehmen. Vom italienisch angehauchten Menton bis hin zu den Felsenklippen von Cassis lädt die Region zu einer kulinarischen und kulturellen Entdeckungsreise ein. In entspannter Atmosphäre lässt man sich von Sterneköchen verwöhnen oder genießt mit einem vollgepackten Picknickkorb vom Markt kommend den Abend und das Panorama der berühmtesten Küste Europas.

SAINT-PAUL DE VENCE UND DAS VERTRÄUMTE HINTERLAND

Saint-Paul ist immer eine Reise wert, bereits die Hinfahrt von Nizza Richtung Antibes entlang der Meerespromenade ist ein ganz besonderes Erlebnis, das erwartungsvoll auf die himmelblaue Küste einstimmt. Die frische Luft strömt dem Reisenden, von Cagnes-sur-Mer vorbei am Schloss Grimaldie, entlang an den Olivenhainen und den zypressenbepflanzten Hügeln, bereits entgegen. Das Landesinnere der Côte hat ein unvergleichliches Flair, beruhigend wirkt dabei die grüne Idylle. Das historische Städtchen Saint-Paul de Vence mit seinen unversehrten Stadtmauern ist bekannt für die vielen ansässigen Galerien, die sich allerdings aufgrund der täglich einströmenden Touristenmassen als wenig einladend präsentieren. Ein Frühstück im legendären Colombe d'Or mit späterem Besuch in der Fondation Maeght sind die wichtigsten Stationen des Besuchs, um anschließend das Hinterland mit seinen weiteren Ortschaften zu erkunden. Etwas geruhsamer geht es im benachbarten Ort Vence zu. Hier erlebt man das eigentliche Lebensgefühl der Einheimischen. Einen Abstecher in die von Henri Matisse entworfene Chapelle du Rosaire (Avenue Henri Matisse) sollte man in jedem Fall einplanen. Nicht zu verpassen ist auch Tourrettes-sur-Loup, eine Stadt, die seit Jahrhunderten mit dem Anbau von Veilchen im Sommer die Parfümerien von Grasse beliefert. Der Ausblick auf die Küste und die steil abfallenden Schluchten rings um die Stadt, die kleinen Gassen und Handwerksläden verleihen dem Ort einen authentischen Charakter.

LA COLOMBE D'OR

Die Straße im hügeligen Hinterland der Côte d'Azur schlängelt sich direkt ins Mittelalter und endet an der Stadtmauer, die sich schützend um das Dorf Saint-Paul de Vence legt, als müsse der Ort vor der Moderne bewahrt werden. Hier liegt das legendäre Hotel La Colombe d'Or. Tritt man durch die Pforte, wird man sogleich von dem einzigartigen Charme verzaubert und beginnt, in der Vergangenheit des Ortes zu schwelgen. Die Hotelbesitzerin Madame Roux empfing uns mit den Worten: „This place has a very simple and beautiful story" und führte mit selbstsicherem Charme durch ihr hauseigenes Museum, vorbei an den Werken von Bonnard, Braque, Matisse und Picasso. Nach dem Krieg trafen sich hier alle Meister der modernen Kunst, die manchmal ihren Aufenthalt mit ihren eigenen Werken beglichen. Die so entstandene unschätzbare Sammlung des Hotels Colombe d'Or ist heute ein beliebtes Pilgerziel für Kunstfans. Die stilvoll eingerichteten Zimmer und Suiten versprühen einen rustikalen Charme, der sich mit der künstlerischen Atmosphäre perfekt vereint. Besonders stolz ist Madame Roux auf den smaragdgrün gefliesten Swimmingpool im Garten, der erste seiner Zeit und seither oft kopiert. Doch das eigentliche Herz des Colombe d'Or ist die von Feigenbäumen umsäumte große Terrasse, auf der man schon am Morgen mit einem ausgezeichneten Frühstück verwöhnt wird. Und bei ihren Anhängern ist die Terrasse so beliebt, dass sie in der Hauptsaison für mehrere Tage im Voraus ausgebucht ist.

1 La Colombe d'Or Adresse: Place du Général de Gaulle, 06570 Saint-Paul de Vence
Tel: 0033 (0)4 93328002 Internet: www. la-colombe-dor.com
Preise: DZ 250 – 430 Euro inkl. Frühstück
Ende Oktober bis Mitte Dezember geschlossen

La Colombe d'Or

☞ Ein magischer Ort

In den Zwanzigerjahren des 20. Jahrhunderts war das La Colombe d'Or der Lieblingsort des französischen Schauspielers und Chansonniers Yves Montand. Auf der schönsten Terrasse der Côte d'Azur genoss er noch die letzten Sonnenstrahlen eines warmen Spätsommertages, als er Simone Signoret, umgeben von Tauben, gestand: „Ich wusste, ich muss zu dir gehen, natürlich ohne dabei die Tauben aufzuscheuchen." Das war der Anfang einer Amour fou des französischen Vorzeigepaars, dessen Leidenschaft fortan die französischen Gazetten füllen sollte. Zeit ihres Lebens blieb das mittelalterliche Dorf ein magischer Ort für die beiden, den sie regelmäßig besuchten. Im Café de la Place am Ortseingang tranken sie ihren Milchkaffee, danach spielte Yves Montand eine Partie Boule mit Berühmtheiten wie Charlie Chaplin, Grace Kelly, Marlene Dietrich, Jean-Paul Sartre und Simone de Beauvoir auf dem Platz gegenüber.

TOILE BLANCHE

TOILE BLANCHE

Die Gastfreundschaft der Leroys ist kaum zu übertreffen. Schon bei der Ankunft kommt Gilles Leroy mit einem strahlenden Lächeln aus dem Haus gelaufen, um seine Gäste zu begrüßen. Zusammen mit seinen Eltern und den beiden Brüdern hat der Belgier vor zwölf Jahren das kleine feine Boutiquehotel Toile Blanche nahe Saint-Paul de Vence eröffnet und, eingebettet in die sanfte Hügellandschaft, eine Oase der Ruhe geschaffen mit gigantischem Garten, Sonnenterrasse und Pool. Wenn hier am Abend die Sonne hinter den Bergen verschwindet, sollte man auf den strahlend weißen Gartensesseln einen erfrischenden Mojito, beliebtester Drink an der Cocktailbar, nehmen. Für das kosmopolitische Lebensgefühl vom Toile Blanche sorgen die Leroy Brothers, die in den Wintermonaten als Künstler in ihren Ateliers in Shanghai arbeiten. So tragen nicht nur das geschmackvolle Interieur und die Küche ihre Handschrift. Am Abend binden sie sich auch schon mal die Kochschürze um, erklären mit Überzeugung die Menüs und servieren höchstpersönlich ihre innovativen Kreationen.
Zum Frühstück, das sich am besten auf der sonnigen Terrasse mit Blick ins Grüne genießen lässt, werden frisch gepflückte Feigen aus dem eigenen Garten serviert, knuspriges Baguette aus der Boulangerie und feiner Ziegenkäse vom Bauern.

2 Toile Blanche Adresse: 826, Chemin de la Pounchounière, 06570 Saint-Paul de Vence Tel: 0033 (0)4 93327421
Internet: www.toileblanche.com Preise: DZ 165 – 350 Euro, Frühstück 15 Euro

LA MAISON DU FRÊNE

LA MAISON DU FRÊNE

Andy Warhols Kunstdruck „I think everybody should like everybody“ hängt in der Popart-Suite des La Maison du Frêne und beschreibt das außergewöhnliche Flair, das das Bed & Breakfast zu einem wahren Kleinod macht, genauso wie die Lage im ganz und gar untouristischen Kleinstädtchen Vence und nur wenige Schritte von der Altstadt entfernt.

Die vier großen Zimmer, die alle unterschiedlich eingerichtet sind, überraschen durch die vielen Kunstwerke, die aus der Sammlung der beiden Eigentümer stammen und jedem Raum eine ganz persönliche Note verleihen. Wer eine ruhige Atmosphäre bevorzugt und nicht am frühen Morgen neben Roy Lichtensteins Marilyn Monroe aufwachen möchte, sollte die Suite Le Château beziehen. Hier ergänzen sich warme Pastelltöne mit provenzalischem Lebensgefühl und verströmen die Stimmung eines Matisse-Gemäldes. Das Maison du Frêne ist ein bunter Ort der guten Laune. Die farbenfrohe Küche in Pink lädt am Morgen zum Frühstück und zu einem Plausch mit den Eigentümern Thierry und Guy ein, die gern ihre Tipps rund um die Region mit ihren Gästen teilen. Verpassen Sie nicht, von der Place du Frêne einen Blick auf die umliegende Bergkette zu werfen, denn in weiter Ferne steht da in Großbuchstaben nach dem Vorbild Hollywoods VENCE an den Felsen geschrieben.

3 La Maison du Frêne Adresse: 1, Place du Frêne, 06140 Vence
Tel: 0033 (0)4 93243783 Internet: www.lamaisondufrene.com
Preise: DZ 166 – 190 Euro inkl. Frühstück

Yves Saint Laurent
YVES SAINT LAURENT

FIGURATION NARRATIVE

La table du patron

LA FONTAINE

Nur auf den ersten Blick wirkt Eric Bellmain etwas mürrisch. Spricht er über sein Menü, merkt man sofort, dass er sein Restaurant mit vollem Einsatz und Liebe zur provenzalischen Küche führt und vom Brot bis zur Zitronentarte alles selbst macht. Berühmt ist er für seine große Auswahl an Tartines, beliebte Lunchklassiker aus getoastetem Brot und verschiedenen Belägen, die auf einer kleinen Schiefertafel serviert werden und mit einem Glas Rosé perfekt harmonieren. Zu den Favoriten gehören die Tartine Provence mit würziger Olivenpaste, mariniertem Pfeffer und Anchovis oder die Tartine Poulette mit eingelegten Sardellen, Kapern und hausgemachter Aioli. Beliebt sind auch der Salade Niçoise und verschiedene Pastagerichte, die den Einfluss der italienischen Küche spürbar machen. Lassen Sie aber unbedingt noch Platz für die Zitronentarte, die man nicht verpassen sollte.

Zum Publikum gehören viele Stammgäste und Freunde, darunter Künstler aus der Region, die ihre Arbeiten immer wieder gern hier ausstellen und das La Fontaine zu einem besonderen Ort in der Umgebung machen. Dazwischen hat der Besitzer auch schrille Objekte wie Gartenzwerge als ironische Geste positioniert, mit denen er seinen Gästen ein Augenzwinkern entlockt. Der schönste Platz ist aber die Terrasse, hier sitzt man besonders idyllisch und zurückgezogen und mit Aussicht auf einen mittelalterlichen Brunnen und die verwinkelten Gassen von Saint-Paul.

4 La Fontaine Adresse: 10, Montée de la Castre, 06570 Saint-Paul de Vence
Tel: 0033 (0)4 93325801 Internet: www.restaurant-lafontaine.fr
Öffnungszeiten: In der Saison täglich geöffnet von 12.00 – 22.00 Uhr
Geschlossen: 15. November – 1. März

*Tarte fraises -
et frangipan

HOSTELLERIE DE LA FONTAINE
Restaurant
LA FONTAINE
Bar à vins

Fondation Maeght

FONDATION MAEGHT

Die Fondation Maeght gehört zu den ersten Kunstadressen der Côte d'Azur. Das Sammlerehepaar Marguerite und Aimé Maeght, das seinerzeit in Paris lebte, beauftragte den spanischen Architekten Josep Lluis Sert in den Fünfzigerjahren mit dem Bau eines privaten Museums. Sie wollten für ihre Kollektion einen Ort und einen Raum kreieren, welcher dieser würdig war. In den dunklen Pinienwäldern von Saint-Paul taucht heute dieses architektonische Meisterwerk mit seinem zauberhaften Skulpturengarten wie eine Schatztruhe auf, in der sich die Werke der namhaftesten Künstler des 20. Jahrhunderts befinden.
Joan Miró, Marc Chagall, Henri Matisse und Wassily Kandinsky sind nur einige, die sich in die Galerie der Meisterwerke einreihen. Damit haben sie dem Leben der Künstler, die die Côte d'Azur besuchten und sich von der Kraft der Farben inspirieren ließen, ein Denkmal gesetzt. Die Fondation Maeght gilt als eines der bekanntesten Freilichtmuseen moderner Kunst, ohne seine künstlerische Hinterlassenschaft wäre dieser Ort nicht zur Legende geworden.

5 Fondation Maeght Adresse: 623, Ch. des Gardettes, 06570 Saint-Paul de Vence Tel: 0033 (0)4 93328163 Internet: www.fondation-maeght.com Öffnungszeiten: Oktober – Juni 10.00 – 18.00 Uhr, Juli – September 10.00 – 19.00 Uhr

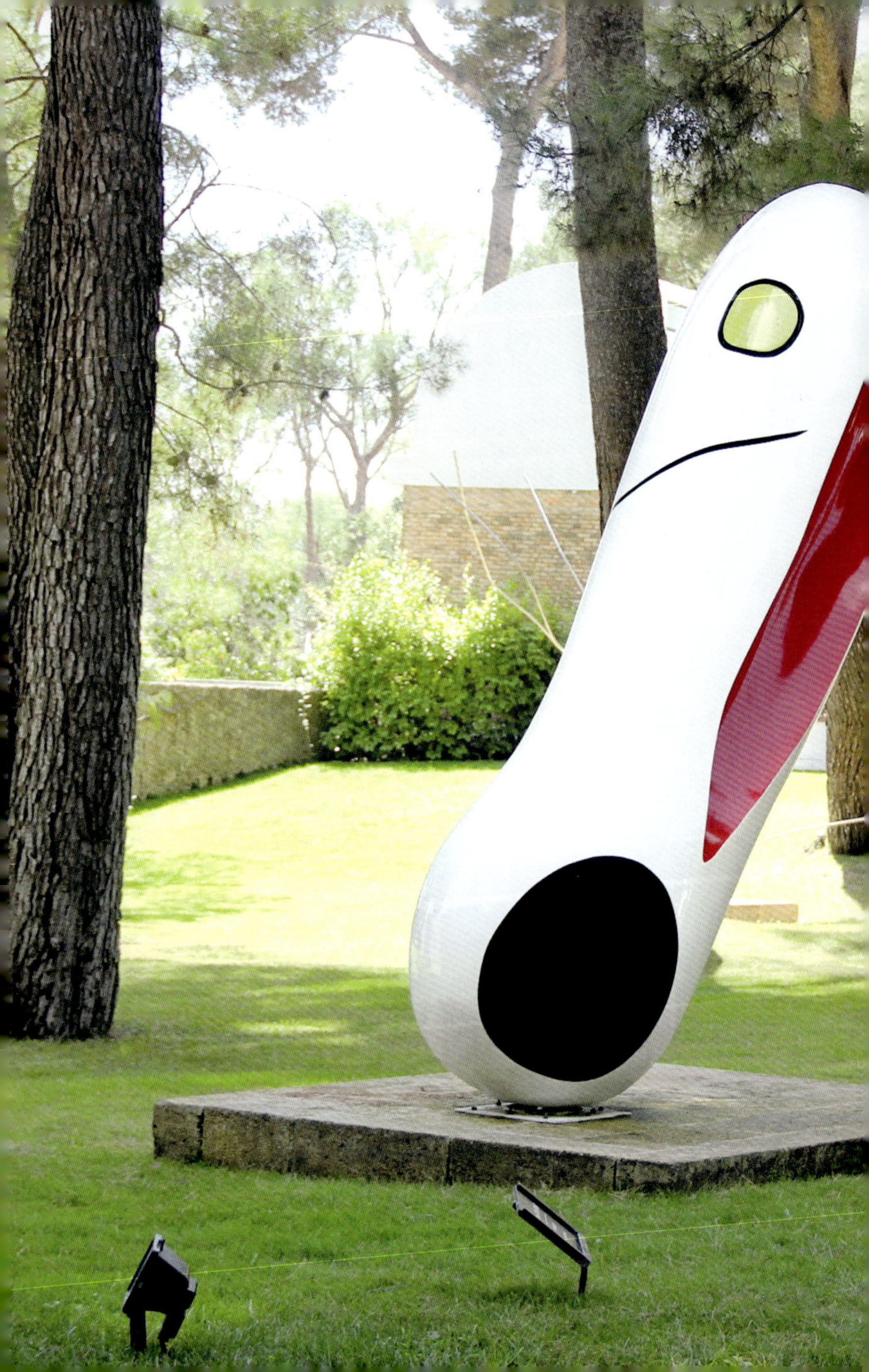

evian

LE CLOS SAINT PIERRE

Lachen macht glücklich. Daniel Ettlingers Erfolgsrezept liegt nicht nur in seiner Kochkunst, die er vorzüglich beherrscht, sondern auch in seiner Fröhlichkeit, die mit ihrem herzhaften Lachen ansteckend wirkt. Das Restaurant des Elsässers liegt zwar etwas verborgen in dem kleinen Hinterlanddorf Le Rouret, ist aber unter Feinschmeckern schon lange kein Geheimtipp mehr. Inspiriert von der mediterranen Küche, verbindet der Sternekoch gekonnt Tradition mit Kreativität. Ob die Tartine mit Ziegenkäse und frischen Feigen zu einem leichten Rosé, das Risotto mit weißen Alba-Trüffeln, das gebratene Huhn nach provenzalischer Art oder Sommerbeeren auf Bourbon-Vanilleeis mit weißem Nougat, jeder Gang ist hier ein Genuss. Mittags soll es schnell gehen für den Gast, und so trifft man auch viele Businessleute zum Lunch. Abends gibt es zwei Menüs, die man auf Wunsch kombinieren kann. Wollen Sie das Le Clos Saint Pierre in vollen Zügen genießen, sollten Sie unbedingt am Abend kommen. In gelassener, aber stilvoller Atmosphäre sitzt man auf der idyllischen Terrasse, wo die zwischen Bäume gespannten farbigen Lampions ein gemütliches Licht werfen und Zikaden fröhlich singen und es im Nu Mitternacht ist. In der Hauptsaison sollten Sie unbedingt ein paar Tage im Voraus reservieren.

6 Le Clos Saint Pierre Adresse: 5, Place de l'Église, 06650 Le Rouret
Tel: 0033 (0)4 93773918 Internet: http://www.hotel-du-clos.com/
Öffnungszeiten: Donnerstag – Montag, Dienstag und Mittwoch geschlossen

Ein Gespräch mit Daniel Ettlinger

Koch und Inhaber des Restaurants Le Clos Saint Pierre

Warum haben Sie ausgerechnet in Le Rouret Ihr Restaurant eröffnet?

Vor elf Jahren bin ich zufällig mit dem Auto durch das Dorf gefahren und habe gesehen, dass hier was frei war. Es ist ruhig in der Gegend, und das Ambiente des Dorfs ist authentisch. Ich habe vorher in Mailand und Paris gekocht und wollte mich mit meiner eigenen Küche selbstständig machen. Es gibt hier weniger Touristen als beispielsweise in Saint-Paul. Man kennt jeden im Dorf, teilt sich mit und wird auch gleich in die Gemeinschaft aufgenommen. Wenn ich morgens vom Markt komme, trinke ich zusammen mit dem Briefträger einen Kaffee beim Friseur.

Wie stellen Sie Ihre Menüs zusammen?

Im Gegensatz zu vielen Köchen, die ihre Menüs erst entwerfen und dann die Produkte kaufen, gehe ich morgens auf den Markt und lasse mich von den Produkten inspirieren. Ich kaufe einfach alles ein, was mir zusagt. In Bezug auf meine Küche ist das eine sehr direkte und intime Philosophie. Ich gehe nicht von der Karte auf das Produkt, sondern von dem saisonalen Produkt auf das Menü. Auf dem Heimweg überlege ich schließlich, in welche Richtung das Menü gehen könnte. Zurück im Restaurant, beratschlage ich mich mit meinem Team und gehe mit ihnen den Einkauf durch.

Was tun Sie an einem freien Tag?

Wenn ich nicht mit meiner Frau und unseren drei Kindern zusammen bin, spiele ich leidenschaftlich gern Golf. Die Golfplätze rund um die Côte d'Azur sind mit ihrer Aussicht aufs Meer und die Berge ein ideales Ziel für Golfer. Wenn es hier im Ort ruhig wird, fahren wir nach Nizza, Cannes oder Monaco, genießen den Trubel der Städte und haben Spaß daran, die Leute zu beobachten.

Verraten Sie uns noch ein kulinarisches Best-of aus der Region?

Die Pissaladière, ein typisch provenzalischer Zwiebelkuchen, von der Boulangerie Veziano in Antibes. Für mich die Beste der Gegend.

☞ Auch zum Übernachten

Nur wenige Minuten Fußweg vom Restaurant entfernt befindet sich das Hôtel du Clos, ein restauriertes Bauernhaus mit elf Zimmern, das Daniel Ettlingers Frau Catherine führt. In ruhiger Lage laden der große mediterrane Garten mit Swimmingpool und das familiäre Ambiente zum Entspannen ein.

Adresse: 3, Chemin des Écoles, 06650 Le Rouret
Tel: 0033 (0)4 93407885, Internet: www.hotel-du-clos.com
Preise: DZ 129 – 260 Euro, Frühstück 15 Euro

LE MARCHÉ DE NOS COLLINES

Le Marché de nos Collines ist ein Paradies für Liebhaber regionaler Produkte. 21 lokale Bauern und Landwirte haben sich hier zu einer Kooperative zusammengeschlossen, um ihre saisonalen Produkte direkt an ihre Kunden zu verkaufen. Transparenz der Herkunft und höchste Qualitätsansprüche sind die Maxime der Verkäufer. Dabei präsentieren sie sich von einer kreativen, jungen und innovativen Seite und beraten mit ganz besonderer Herzlichkeit.
Das umfangreiche Angebot reicht von frischen Obst- und Gemüsesorten, delikatem Ziegenkäse, hausgemachten Teigwaren, eingelegten Oliven, Ölen und Pasteten bis zu Honig, Konfitüren und Wein. Hier lassen sich auch besondere Mitbringsel für Freunde und Verwandte finden, wie das Eau florale ou hydrolat, ein destilliertes Wasser mit einem Hauch von Karotten oder Rosmarinöl, oder der Bruyère-Honig von Le Rucher de Sainte Cézaire, welcher aus Wurzelknollen von wild wachsenden Baumheiden gewonnen wird. Mit dem preisgekrönten fruchtigen Olivenöl von Jean-Philippe Frere, das direkt im Dorf gewonnen wird und 2011 mit einer Goldmedaille gekürt wurde, lässt sich ebenfalls ein Stück Südfrankreich verschenken.

7 Le Marché de nos Collines Adresse: Chemin du Billard, 06650 Le Rouret
Tel: 0033 (0)4 93773421 Internet: www.lemarchedenoscollines.fr
Öffnungszeiten: Dienstag – Samstag 8.30 – 19.00 Uhr
Sonntag 9.00 – 12.30 Uhr

Douce
50cl
J. Ph FRERE
Propriétaire Récoltant
06650 Le Rouret
Tél. 04 93 77 74 15
Douce
25cl
Douce
1L
J. Ph FRERE
Produit de l'Olivier
Huile d'olive AOP Nice 1/4 litre
6,20 €
Produit de l'Olivier
Huile d'olive 1/2 litre
10,15 €
14,90 €

LES ARCADES

Mimi Brothier eröffnete mit 19 Jahren in dem malerischen Ort Biot, der vor allem bekannt für seine Handwerkskunst ist, ihren Tabakladen. Kein Geringerer als Pablo Picasso kam eines Tages zur Tür herein, bestellte einen Pastis und fertigte nebenbei eine kleine Zeichnung von Madame Brothier an, die er ihr anschließend mit den Worten „C'est vous, mademoiselle" zeigte. Wenn Madame Brothier von den goldenen Zeiten erzählt und wie die Künstler bei ihr ein- und ausgingen, bekommen ihre Augen noch immer ein Strahlen.

Ein halbes Jahrhundert später ist der Tabakladen zu einem Restaurant mit zwölf Zimmern gewachsen, den Tabak, ein Relikt vergangener Zeiten, kann man immer noch an der Durchreiche neben der Bar bekommen. Mit hausgemachten Ravioli, Salade Niçoise, Soupe au Pistou gibt es hier allerbeste Landküche, die sich am schönsten bei einem kühlen Rosé unter der Arkaden-Terrasse und mitten im Dorftreiben genießen lässt. Legendär sind die Antipasti von Mimi Brothier, die mit dem Kochlöffel ihr Orchester dirigiert, kritisch aus dem dampfenden Suppentopf kostet, lächelt und schon wieder verschwunden ist. Werfen Sie unbedingt auch einen Blick in ihre Galerie, die tunnelartig in das Kellergewölbe führt und mit einer beeindruckenden Sammlung von Gemälden und Skulpturen Kunstkenner in Staunen versetzt.

8 Les Arcades Adresse: 16, Place des Arcades, 06410 Biot
Tel: 0033(0)4 93650104 Internet: www.hotel-restaurant-les-arcades.com
Preise: DZ 60 - 100 Euro, Frühstück 8 Euro, Menüs ab 34 Euro

☞ Le Four à pain communal

An jedem ersten Wochenende des Monats öffnet Biot zwischen 9 und 17 Uhr die kommunale Bäckerei in der Rue de la Poissonnerie und ermöglicht den Bewohnen die Mitbenutzung ihres Steinofens. Eine schöne Idee, zusammen zu backen und die Gemeinschaft zu stärken. Es können auch Kurse gebucht werden, in denen Bäckermeister Christian Vinciguerra zeigt, wie Baguette oder Madeleines nach traditionellen Rezepten gebacken werden.

Adresse: 2, Rue de la Poissonnerie, Centre Historique, 06410 Biot
Infos beim Office de Tourisme
Tel: 0033 (0)4 93657800, Internet: www.biot-tourisme.com

☞ Auch zum Übernachten

Die im Stil der Jahrhundertwende eingerichteten Zimmer laden mit ihren kunstvoll aus Holz gefertigten Betten zur geschützten Nachtruhe ein. Diese herrschaftliche Atmosphäre findet sich in vielen Details wieder. Die Mosaikbäder sind eine Hommage an den Künstler Fernand Léger, von dem ein knapp 500 Quadratmeter großes Fassadenmosaik das Museum schmückt, welches ihm zu Ehren in Biot errichtet wurde.

Preise: DZ 55 – 100 Euro, Frühstück 8 Euro

Maître Glacier

VON MENTON ÜBER NIZZA BIS ANTIBES

Von Menton, einer Stadt mit prachtvoll angelegten Gärten, sollte man auf dem Weg nach Nizza einen Abstecher in die Kleinstadt La Turbie machen, die mit ihren großartigen Ausblicken auch als die Terrasse von Monaco bezeichnet wird. Anschließend kann man das Dörfchen Eze, das majestätisch auf einem Felsen über dem Meer thront, mit seinen mittelalterlichen Gassen besuchen. Nizza hat das angenehmste Klima der Côte d'Azur. Die Vegetation ist üppig, breite Palmenwedel recken sich in den azurblauen Himmel, das Licht dieser Stadt ist sagenumwoben. Auch im Winter ist es mild und trocken, was die Engländer im 19. Jahrhundert dazu bewog, in Scharen in Nizza einzufallen, um ihre vom Nebel getrübten Seelen im warmen Sonnenlicht spazieren zu führen. Die englischen Herrschaften haben das Stadtbild so beherrscht, dass sogar die prächtige Strandpromenade nach ihnen benannt wurde. Im eleganten Bogen säumt die Promenade des Anglais den steinigen Meeresstrand. Seit jeher haben Einflüsse verschiedener Kulturen die Stadt geprägt. Mit ihrer verwinkelten Altstadt und der bunten Farbigkeit der Häuser ist der italienische Einfluss nicht zu übersehen, auch die traditionelle Küche hat viele italienische Akzente. Noch heute ist eine gewisse Weltläufigkeit zu spüren, verbunden mit einem stolzen Selbstbewusstsein. Wobei Nizza mit dem altherrschaftlichen Hotel Le Negresco an der Promenade des Anglais, den langsam vorbeirollenden dunklen Luxuslimousinen und feinen Geschäften immer einen Hauch mediterranen Glamours versprüht. 20 Kilometer von Nizza entfernt liegt Antibes, wo sich ein Besuch im Picasso-Museum mit anschließendem Spaziergang durch die provenzalische Altstadt gut verbinden lässt.

LA MERENDA

Dominique Le Stanc war lange Küchenchef im noblen Le Negresco. Nun kocht er seit ein paar Jahren in seinem eigenen kleinen Restaurant köstliche regionale Gerichte. Vielleicht ist es diese bewusste Entscheidung zur Abkehr vom großen Pomp der Starrestaurants, die diesem Ort etwas Bedeutsames verleiht. Es ist die Reduktion auf das Wesentliche, auf überliefertes Wissen um Traditionen und Savoir-faire. So sind es die immer gleichen regional-typischen Gerichte, die Dominique Le Stanc in seiner kaum vier Quadratmeter großen offenen Küche zubereitet: Pissaladière, ein köstlicher Zwiebelkuchen mit Sardellen und Oliven, frittierte Zucchiniblüten, gefüllte Sardinen, Kutteln oder Stockfisch, begleitet von einem Rot-, Weiß- oder Roséwein aus der Region. Die Gäste kommen ganz gezielt wegen eines bestimmten Gerichts, das sie immer wieder essen möchten, sagt er. Aber sie kommen wohl auch wegen der ganz besonderen Atmosphäre – es ist ein winziger Kosmos, dieses La Merenda: Einer kümmert sich ums Grobe, einer bedient, und der Chef kocht. Und fährt morgens mit seinem alten Fahrrad auf den Markt, um die besten und frischesten Zutaten für seine Gerichte einzukaufen. Dieses Restaurant strahlt etwas großes Weises und Souveränes aus, auch das ein Grund, weshalb die elf Tische sowohl mittags als auch abends immer besetzt sind. Dass es kein Telefon gibt und keine Kreditkarten akzeptiert werden, versteht sich fast von selbst.

9 La Merenda Adresse: 4, Rue Raoul Bosio, 06300 Nizza
Internet: www.lamerenda.net
Öffnungszeiten: Montag – Freitag 12.00 – 13.30 Uhr und 19.00 – 21.30 Uhr,
Samstag und Sonntag geschlossen

CIBARIO
OLIO DI OLIVA

La Merenda

Tarte à la Tomate

Für 6 Personen

Die Hefe in der lauwarmen Milch auflösen. Vorsichtig das mit einer Prise Salz vermischte Mehl in die Milch hineinrühren, das Olivenöl dazugeben. Die Teigmasse in eine gefettete Form geben (Durchmesser 24 cm), mit einem sauberen Küchentuch bedecken und circa 1 Stunde gehen lassen. Cocktailtomaten in der Mitte durchschneiden. Sobald der Hefeteig aufgegangen ist, Tomaten, Oregano und Oliven darüber verteilen und mit Pfeffer bestreuen. 25 bis 30 Minuten im Ofen bei circa 200 Grad backen. Dann aus der Form nehmen und auf einem Rost abkühlen lassen, das Basilikum daraufgeben und lauwarm servieren.

20 g Hefe
100 ml Milch
Salz
200 g Mehl
70 ml Olivenöl
1 kg Cocktailtomaten
frischer Oregano
100 g schwarze Oliven
Pfeffer
frisches Basilikum

☞ La Petite Maison

Das Restaurant La Petite Maison ist eine geschätzte Adresse unter den Einheimischen, und die gehobene Küche von Madame Nicole Rubi genießt in der Stadt einen ausgezeichneten Ruf. An weiß gedeckten Tischen im schönen Speisesaal oder auf der Sommerterrasse kann man Klassiker wie Salade Niçoise, Pissaladière, Trüffelrisotto und Entrecôte genießen. Und sich dann gemäß dem an der Wand hängenden Neon-Schriftzug „Tous célèbres ici“, einem Werk des französischen Künstlers Ben, als Celebrity fühlen.

Adresse: 11, Rue Saint François de Paule, 06300 Nizza
Tel: 0033 (0)4 93925959, Internet: www.lapetitemaison-nice.com
Öffnungszeiten: Montag – Samstag 12.00 – 14.00 Uhr und
20.00 – 23.00 Uhr, Sonntag geschlossen

Chez PIPO
Fondé en 1923
SOCCA
OUVERT LE MIDI
Chez Pipo
Midi
Soir
Socca

CHEZ PIPO

Im gesamten Mittelmeerraum waren die Socca, die köstlich dünnen, knusprigen Fladen aus Kichererbsenmehl, Olivenöl, Salz und Wasser, in der Antike eine Alternative zum Brot, in Nizza jedoch sind sie noch immer eine besondere Spezialität. Obwohl die Fladen von fahrenden Händlern an verschiedenen Ecken der Stadt feilgeboten werden, sollten Sie sich zu dem kleinen, unscheinbaren Restaurant von Madame und Monsieur Laité aufmachen, um hier die besten Socca der Stadt zu kosten. Der gemauerte Ofen, in dem die wagenradgroßen Fladen einer nach dem anderen gebacken werden, mutet ebenso archaisch an wie die Gerätschaften, mit denen die Teigmasse zubereitet wird. Bevor die zerteilten Fladen auf den einfachen Tischen serviert werden, bestellt man eine Auswahl kleiner Vorspeisen wie Pissaladière oder Bruschetta, Tapenade oder Anchoïade, alles zu sehr moderaten Preisen. Dann kommt die Socca, die großzügig mit Pfeffer bestreut wird. Man fühlt sich zurückversetzt in raue Zeiten, als Arbeiter aus dem Hafen und der inzwischen geschlossenen Tabakfabrik nach der ersten Schicht hier diese einfache und preiswerte Mahlzeit aßen. Dazu passt ganz wunderbar der fruchtige Roséwein Chez Pipo, auf dem heimischen Weingut Château Rêva exklusiv gekeltert und den man nur hier trinken kann. Zum Dessert gibt es dann die berühmte Tourte de Blettes, ein schon in mittelalterlichen Kochbüchern erwähnter süßer Mangold-Kuchen.

10 Chez Pipo Adresse: 13, Rue Bavastro, 06300 Nizza
Tel: 0033 (0)4 93558882 Internet: www.chezpipo.fr
Öffnungszeiten: Dienstag – Samstag mittags ab 11.30 Uhr, abends täglich 17.30 – 24.00 Uhr, Montag geschlossen

Aqui, si mangia la socca
hotVWs

Chez Pipo
Fondé en 1923
Nice
CÔTES DE PROVENCE
APPELLATION CÔTES DE PROVENCE CONTROLÉE
2010
Mis en bouteille au château
Château Rêva
83920 La Motte - Var - France
Produit de France
75 cl

MARCHÉ DU COURS SALEYA

Er ist der schönste Obst- und Gemüsemarkt Nizzas, der förmlich überquillt an Zucchiniblüten, jungen Artischocken, Auberginen, Kräutern und Blumen, alles frisch und aus der Region. Wunderschön ist auch seine Lage, umgeben von den pastellfarbenen Fassaden der Altstadt und dem Gewirr der kleinen lebendigen Gassen, die genauso von den Einwohnern Nizzas wie von Touristen bevölkert sind. Dominique Le Stanc, Koch vom Restaurant La Merenda, ist hier Stammkunde, der für seine Einkäufe jeden Morgen zum Markt radelt. Für den kleinen Hunger zwischendurch bieten sich provenzalische Spezialitäten an wie Socca, dünne Kichererbsenfladen, oder Pan bagnat, ein Sandwich mit Thunfisch oder Sardellen und Radieschen oder kleinen Artischocken. Entweder Sie nehmen Ihren Imbiss gleich vor Ort ein oder suchen sich ein schönes Picknick-Fleckchen die Promenade des Anglais überquerend direkt am Wasser.
Immer montags findet hier der Marché à la Brocante statt, ein Antiquitäten- und Flohmarkt, auf dem es sich wunderbar stöbern lässt.

11 Marché du Cours Saleya Adresse: Cours Saleya, 06300 Nizza
Öffnungszeiten: Montag 7.30 – 18.00 Uhr (außer vor Feiertagen),
Marché à la Brocante Montag 8.00 – 17.00 Uhr

☞ Café Marché

Das Marché ist ein Café, wie wir es aus dem nördlichen Europa kennen. Es gibt frische Säfte, Salate, Sandwiches, Muffins und weitaus mehr Kaffeevarianten als in den klassischen französischen Cafés. Ein idealer Ort, um in frischem Interieur den Tag mit einem Vitaminkick zu starten oder um einen guten Cappuccino zu trinken.

Adresse: 2, Rue Barillerie, 06300 Nizza
Tel: 0033 (0)9 81849249
Öffnungszeiten: Montag – Dienstag und Donnerstag – Freitag 12.00 – 14.00 Uhr Sonntag 10.00 – 15.00 Uhr

Fenocchio
La Fondue au Chocolat
Pour les amateurs de chocolat, de glace, de bonbons et de fruits !
10€
Le Café Gourmand est arrivé !
5€
GLACIER

MAÎTRE GLACIER FENOCCHIO

Oliveneis? Basilikumeis? Oder doch lieber ein Lavendel- oder Lakritzeis? Um schon im Geiste niederzuknien vor diesem Eisparadies, genügt es, alle sage und schreibe 98 Sorten aufzuzählen, in alphabetischer Reihenfolge: Ananaseis, Apfelsineneis, Aprikoseneis ... und Zimteis. Neben den klassischen Geschmacksrichtungen, die cremiger und intensiver nicht sein können, kann man hier ziemlich verrückte Gaumenfreuden bei Fenocchio, dem besten Eisladen der Welt, pardon: in ganz Nizza, erleben. Diese gefrorenen Köstlichkeiten werden im Hinterland in einer Art Laboratorium unter strengsten hygienischen Vorkehrungen hergestellt und täglich in den Laden auf der Place Rossetti transportiert. Monsieur Fenocchio selbst mag am liebsten Vanille, manchmal Schokolade. Das Eis von Fenocchio ist nicht so schrecklich süß, da für jede verarbeitete Fruchtart vorher genau festgestellt wird, wie hoch ihr natürlicher Zuckergehalt ist, und dementsprechend weniger Zucker verwendet wird. Je nach saisonalem Angebot werden die Früchte selbst gepresst und eingefroren, um sicher zu sein, dass nichts beigemischt wurde. Auch beim Milcheis ist die Reinheit der Produkte höchstes Gebot. Bei Fenocchio wird also noch wirklich echtes Eis gemacht. Und das schmeckt man! Die Leidenschaft fürs Eis wird übrigens von Vater und Mutter Fenocchio und ihrem einzigen Sohn geteilt, der hier zur Ausbildung ist und den Laden einmal übernehmen wird.

12 Maître Glacier Fenocchio Adresse: 2, Place Rossetti, 06630 Nizza
Tel: 0033 (0)4 93807252 Internet: www.fenocchio.fr
Öffnungszeiten: Täglich 9.00 – 24.00 Uhr

CCHIO
GLACES
SORBETS
LE TARTUFFE
MILK SHAKE

BIERE
LAVANDE

nocchio
nocchio
FENOCCHIO
MAITRE GLACIER

SORBETS

LE CAFÉ DE LA FONTAINE

Das Café de la Fontaine erfüllt all die liebevollen Klischees, die man sich von einem Bistrobesuch im Süden Frankreichs wünscht. An extragroßen Tafeln stehen die täglich variierenden Gerichte mit Kreide angeschrieben, die Kellner kommen mit dem Nachschenken der Weingläser nicht nach, und die Sprache der Einheimischen bildet einen quirligen Klangteppich, der zur Musik des Abends wird. Die Nähe zum Tischnachbarn verwickelt sogleich in ein abendfüllendes Gespräch.

Die bodenständige Küche präsentiert deftige Spezialitäten, so das Doube, ein in Rotwein geschmortes Rindfleischragout, oder ein typisch provenzalisches Lammgericht und Lieblingsessen der Stammgäste. Natürlich ist der Einfluss der italienischen Küche auch hier zu erkennen, neben Ravioli gibt es noch weitere köstliche Pastagerichte, und alles zu einem fairen Preis.

Die Kellner können zu jedem Gericht und Gang den passenden Wein empfehlen, und so fühlt sich ein ausgedehntes Essen im La Fontaine wie eine Reise durch die verschiedenen Weingüter der Region an.

13 Le Café de la Fontaine Adresse: 4, Avenue du Général de Gaulle, 06320 La Turbie Tel: 0033 (0)4 93285279 Internet: www.hostelleriejerome.com Öffnungszeiten: Täglich ab 7.30 Uhr

Fontaine
Cirino

Restaurant Jérôme
20

☞ Hostellerie Jérôme

Die Hostellerie Jérôme in La Turbie, ein Ort oberhalb von Monaco gelegen, ist unter Feinschmeckern bestens bekannt. Für die mit zwei Michelin-Sternen ausgezeichnete Küche ist Bruno Cirino verantwortlich. Er verbindet Kreativität mit Qualitätsprodukten, die er morgens auf dem Kleinbauernmarkt in Ventimiglia auswählt, und lässt seine Gerichte zu regelrechten Kunstwerken aufleben. Serviert werden sie in einem ehemaligen Mönchskloster aus dem 13. Jahrhundert mit wunderschönen Fresken. Die fünf exklusiven in warmen Farben gehaltenen Zimmer sind mit antiken Möbeln ausgestattet und muten ein wenig ehrwürdig an die Atmosphäre der Kapelle an.

Adresse: 20, Rue Comte de Cessole, 06320 La Turbie
Tel: 0033 (0)4 92415151, Internet: www.hostelleriejerome.com
Preise: DZ 95 – 150 Euro, Frühstück 16 Euro, Menü 70 – 130 Euro

La Madone
Peillon

Auberge de la Madone

AUBERGE DE LA MADONE

Christian Millo präsentiert sich stolz mit seinem Sohn Thomas auf der Terrasse des Hotelrestaurants Auberge de la Madone, ohne vom Ansturm der Gäste, die gerade ihr Mittagessen von dem vierhändigen Team zubereitet bekommen, müde zu wirken. Bei einer Tasse Kaffee und einer Aprikosentarte, deren Früchte aus dem Nachbarsgarten stammen, offenbart er seine Liebe zur Region und ihren Produkten, die in seiner Küche ihre Identität und Aromen bewahren. Öffnet Monsieur Millo seine Gewürzdosen, taucht er sogleich in die Landschaft der Côte d'Azur ein, fühlt sich inspiriert, verbindet den Duft des Meeres mit den Pinienwäldern und begeistert sich für die Rezeptvielfalt, die diese Region zu bieten hat. Zum Beispiel das mit Lavendelblüten aromatisierte Lammfilet, ein Gericht, das begeistert. Neben der ausgezeichneten Küche, die in den Sommermonaten mit Blick auf das Bergdorf Peillon auf der Terrasse serviert wird, kann man in der Auberge de la Madone auch übernachten. Die 17 charmant eingerichteten Zimmer spiegeln den ländlichen Charme des relativ stillen Ortes Peillon, dessen Gründung bis ins 10. Jahrhundert zurückgeht, wider und gewinnen durch die spektakuläre Kulisse der Berglandschaft. Für Radfahrer und Wanderer ist die Auberge de la Madone zudem ein perfekter Ausgangspunkt oder Zwischenstopp.

14 Auberge de la Madone Adresse: 3, Place Auguste Arnulf, 06440 Peillon-Village
Tel: 0033 (0)4 93799117 Internet: www.auberge-madone-peillon.com
Preise: DZ 98 – 330 Euro, Frühstück 13 Euro, Menüs ab 52 Euro

Auberge de la Madone

HOTEL LA JABOTTE

Die ins Meer ragende Halbinsel Cap d'Antibes hat neben dem größten Jachthafen Europas einen eindrucksvollen Altstadtkern und das Picasso-Museum. Versteckt in einer schmalen Seitengasse, etwas außerhalb vom Ortskern Antibes, liegt das charmante Bed & Breakfast La Jabotte.
Mit zehn Zimmern und einem begrünten Innenhof bieten die freundlichen Gastgeber Yves und Claude ihren Gästen eine sympathische und für die Region kostengünstige Unterkunft. Auf dem Hof lässt es sich zudem vorzüglich frühstücken und am Nachmittag kann unter Schatten spendenden Orangen- und Olivenbäumen selbst gemachter Kuchen probiert werden. Stets um das Wohl ihrer Gäste bedacht, kann man sich bei dem Cocktail of the Day, der in guter Tradition jeden Tag von den Eigentümern zubereitet wird, auf den Abend einstimmen und das Erlebte des Tages Revue passieren lassen. Und so wundert es nicht, dass die Gäste immer wieder ins Jabotte kommen.
Absolutes Plus: Der Strand liegt nur fünf Gehminuten entfernt.

15 Hotel La Jabotte Adresse: 13, Avenue Max Maurey, 06160 Cap d'Antibes
Tel: 0033 (0)4 93614589 Internet: www.jabotte.com
Preise: DZ 80 – 209 Euro inkl. Frühstück

Hotel
La Jabotte
RECEPTION

MUSÉE PICASSO

Der große Maler Pablo Picasso war zeit seines Lebens untrennbar mit dem Süden Frankreichs verbunden. Das ganz besondere Licht Südfrankreichs und der azurblaue Himmel inspirierten den jungen Picasso, als er 1915 nach Frankreich kam. In dem 20 Kilometer von Nizza entfernten Städtchen Antibes befindet sich das sehenswerte Musée Picasso, eines der schönsten Museen an der Küste. In dem Bau des ehemaligen Grimaldi-Schlosses lebte und malte Picasso ab 1946. Angetan von der schönen Lage, entstanden farbenfrohe Bilder wie „Suite d'Antipolis". Ein Großteil seiner Gemälde, Zeichnungen und Plastiken aus dieser Zeit, die er der Stadt Antibes überließ, sind in dem heutigen Museum zu finden. Darüber hinaus werden regelmäßig Wechselausstellungen organisiert, die mit dem Schaffen Picassos in Verbindung stehen. Von der fantastischen Aussichtsterrasse blickt man zwischen beeindruckenden Skulpturen von Germaine Richier sowie dem Pariser Künstlerehepaar Anne und Patrick Poirier hindurch auf das wunderbare Panorama der südfranzösischen Riviera. Der Besuch des Musée Picasso lässt sich wunderbar mit einem Bummel durch die provenzalische Altstadt mit ihren blumenverzierten verwinkelten Gässchen und Plätzen verbinden, die, umgeben von alten Wehrmauern, wie eine Festung über dem Meer thront. Unterhalb der Altstadt liegt Port Vauban, der schon im 17. Jahrhundert angelegt wurde und heute als Jachthafen dient.

16 Musée Picasso Adresse: Place Mariejol, 06600 Antibes
Tel: 0033 (0)4 92905420 Öffnungszeiten: 16. September – 14. Juni
10.00 – 12.00 Uhr und 14.00 – 18.00 Uhr,
15. Juni – 15. September 10.00 – 18.00 Uhr, Montag geschlossen,
Juli und August Mittwoch und Freitag bis 20.00 Uhr

☞ Provenzalischer Wochenmarkt

Täglich außer Montag findet auf der zentralen Place Masséna unter einem großen Glasdach ein Bauernmarkt statt. Hier findet man Berge von Mesclun, eine Mischung verschiedener junger Blattsalate, Lavendelhonig, junge Artischocken, Knoblauchzöpfe, Fässer mit gesalzenen Sardellen und Cornichons, winzigen sauren Gurken, und im Winter die dunklen, aromatischen Pilze aus den Wäldern der Provence. Gleich um die Ecke vom Musée Picasso liegt die berühmte Boulangerie Veziano, ihre Pissaladiéres sollen die besten der Côte d'Azur zu sein.

Adresse: Place Masséna, 06600 Antibes
Öffnungszeiten: Dienstag – Sonntag 6.00 – 13.00 Uhr,
1. Juni – 31. August täglich

Boulangerie Veziano
Adresse: 2, Rue de La Pompe, 06600 Antibes
Tel: 0033 (0)4 93340546
Internet: www.lepain-jpv.com

STADTBUMMEL DURCH MENTON

Ist man schon in Italien? Nein, aber fast. Das kleine malerische Städtchen Menton mit seinen pastellfarben gestrichenen, wie aufeinandergestapelt wirkenden Häusern war schon um die Jahrhundertwende aufgrund seines angenehmen Klimas Anziehungspunkt des europäischen Adels. In den Sommermonaten wird die Stadt durch ihre geografische Lage jedoch regelrecht aufgeheizt, die umliegenden Berge sorgen dafür, dass selbst der Mistral seinen Weg nicht hierherfindet. Die Hitze lässt dafür die Flora, deren Vielfalt in den exotischen Gärten und Parkanlagen (Avenue Saint-Jacques) der Stadt zu besichtigen ist, prächtig gedeihen.
Menton gilt als die Zitronenstadt, wer durch die Altstadt spaziert, wird an den zitrusfarbenen Konfitürengläsern nicht vorbeikommen. Hier dreht sich alles um die gelbe saure Frucht. Im La Maison de Herbes findet man eine große Auswahl an Mixturen von Zitrone-Thymian bis Clémentine-Chocolat Noir und kann bestaunen, wie in heißen Kesseln die Konfitüre eingekocht wird. Regionale Spezialitäten wie Käse aus den Bergregionen, frischer Fisch und Obst in Hülle und Fülle finden sich in der schönen alten Markthalle auf der Place aux Herbes. Für eine gigantische Aussicht auf die Küste sorgt der terrassenförmig angelegte über der Altstadt liegende Schlossfriedhof Cimetière du Vieux.

17 Menton

☞ Lieblings-Adressen in Menton

La Maison de Herbes
Adresse: 2, Rue du Vieux College, 06500 Menton
Tel: 0033 (0)4 93572029, Öffnungszeiten: Montag – Samstag
9.15 – 12.30 Uhr und 15.00 – 17.00 Uhr

Markthalle
Adresse: Place aux Herbes, 06500 Menton
Öffnungszeiten: Täglich bis 13.00 Uhr, Flohmarkt: Freitag

Cimetière du Vieux
Adresse: Place du Cimetières, 06500 Menton
Öffnungszeiten: 1. Mai – 30. September täglich 7.00 – 20.00 Uhr,
1. Oktober – 30. April täglich 7.00 – 18.00 Uhr

Bienvenue dans le Marché

SAISON D'ETE
MENTON

☞ Lunch im Château Eza

Das Château Eza, im mittelalterlichen Bergdorf Eze gelegen, ist ein Vier-Sterne-Schlosshotel mit insgesamt zwölf Zimmern und Suiten sowie einem ausgezeichneten Restaurant und thront majestätisch 400 Meter über dem Meeresspiegel auf einem Felsen zwischen Nizza und Monaco. Hat man sich erst einmal die steilen Gassen zu Fuß hinaufgearbeitet, kann man sich vom exzellenten Service mit kulinarischen Spezialitäten der Region auf Sterneniveau verwöhnen lassen und dabei die überwältigende Aussicht auf die Côte d'Azur bestaunen. Ein perfekter Zwischenstopp zum Lunch oder auf einen Sundowner auf der Strecke zwischen Nizza und Menton.

Adresse: Rue de la Pise, 06360 Eze Village
Tel: 0033 (0)4 93411224, Internet: www.chateaueza.com
Preise: DZ ab 280 Euro, Frühstück 25 Euro, Menü 52 – 120Euro

CHANEL
CHANEL

SAINT-TROPEZ
EIN MAGISCHER ORT

1955 kam der Regisseur Roger Vadim mit seinem Pariser Filmteam in das verschlafene Fischernest, um mit den Dreharbeiten zum Film „Und ewig lockt das Weib“ mit der noch unbekannten Brigitte Bardot in der Hauptrolle zu beginnen. Der Film wurde ein Welterfolg, Brigitte Bardot unsterblich, Saint-Tropez aus seinem Dornröschenschlaf wachgerüttelt und zum Mekka der internationalen High Society. Gunter Sachs' Champagnerpartys sind noch heute legendär, und viele erinnern sich wehmütig an die glanzvollen Zeiten von Saint-Tropez zurück, das trotz seiner nur 6000 Einwohner genauso bekannt ist wie die Hauptstadt Paris. Hier trifft sich der Jetset in den unzähligen Bars, die die Hafenpromenade säumen, gefüllt mit den vielen Touristen, die jeden Tag in die Stadt pilgern. Saint-Tropez hat seinen ganz eigenen Ruf auferlegt bekommen, doch hinter dem vermeintlich Offensichtlichen gibt es auch noch viel Verborgenes zu entdecken. Sei es die Altstadt mit ihren vielen verwinkelten Gassen, die es schaffte, ihre Ursprünglichkeit zu erhalten, oder der im Ortskern liegende Marktplatz, auf dem man mit ein paar Croissants ausgerüstet den Einheimischen beim Boulespielen zuschauen kann. Die Gebirgskette des Maures-Massivs im Hinterland und die weißen Sandstrände laden ein, am Mythos dieses sagenumwobenen Ortes teilzuhaben. Das malerische Ramatuelle, ein Nachbarort von Saint-Tropez, ist ein kleines mittelalterliches Dorf und besticht durch seine ruhige Lage und den nahe gelegenen 4,5 Kilometer langen Strand von Pampelonne.

PASTIS

PASTIS HOTEL SAINT-TROPEZ

Der Roman „Hotel Pastis“ von Peter Mayle erzählt die Geschichte eines Managers in London, der seinen stressigen Job an den Nagel hängt und nach Südfrankreich verreist, um dort ein kleines luxuriöses Hotel zu eröffnen. Das Ehepaar John and Pauline Larkin hat es dem Protagonisten gleichgetan, sie flohen aus dem nebligen London ins sonnige Saint-Tropez und erfüllten sich ihren Traum vom eigenen Hotel. Dass sie die richtige Entscheidung getroffen haben, merkt man ihnen an, wenn sie in ihrem Boutique-Hotel mit aufmerksamer Freundlichkeit ihre Gäste empfangen. Ihr Faible für zeitgenössische Kunst findet sich im ganzen Haus wieder, darunter auch Original-Fotografien vom Künstler Thierry Oneil, einem ehemaligen Nachbarn aus Londoner Zeiten. Die neun komfortablen Zimmer sind leicht und luftig eingerichtet. Der Garten im Innenhof mit seinen jahrhundertealten Palmen und einem Swimmingpool lädt zum Entspannen ein, am besten bei einem Pastis.

18 Pastis Hotel Saint-Tropez Adresse: 75, Avenue du Général Leclerc, 83990 Saint-Tropez Tel: 0033 (0)4 98125650 Internet: www. pastis-st-tropez.com Preise: DZ 200 – 850 Euro

Great Escapes Mediterranean
TASCHEN
CZESNY ST TROPEZ

Ein Gespräch mit John Larkin

Inhaber des Pastis

Sie sind Engländer. Wie kamen Sie dazu, an die Côte d'Azur auszuwandern?

Die Idee kam mir im Zug auf einer Geschäftsreise nach Belgien. Ich blätterte in einer Zeitschrift und las einen Artikel über Südfrankreich. Die Schönheit dieses Landstrichs hatte es mir sofort angetan. Nach der Rückkehr sprach ich mit meiner Frau, und wir beschlossen, England zu verlassen. Wir haben wirklich sehr lange gesucht, meine Frau übernahm die ganze Recherche-Arbeit, hauptsächlich über das Internet. Insgesamt haben wir uns 28 Grundstücke angesehen.

Eine mutige Entscheidung.

Mein Wissen aus meinem früheren Job im Finanzbereich hat uns beim Kauf des Hotels sehr geholfen. Ich kümmere mich hauptsächlich um das Management des Hotels, meine Frau ist für die Einrichtung und Zimmer zuständig.

Was fasziniert Sie hier?

Das Licht und die Farben der Côte d'Azur. Als wir das erste Mal hierherkamen, waren wir so fasziniert, dass wir beschlossen, dieses Fleckchen Erde zu unserem Refugium zu machen. Besonders im Winter, wenn die Sonne an Kraft verliert, kommen die Farben noch deutlicher zur Geltung. Diese Gegend hat uns inspiriert und tut es noch heute.

Was war Ihnen bei der Kreation dieses Ortes wichtig?

Dass sich unser Hotel vom Mainstream, der sich hier an der Küste ausgebreitet hat, absetzt. Klassische Hotelmöbel kommen für uns nicht infrage. Viele der Tische und Stühle stammen aus unserem eigenen Haushalt, so auch die Skulpturen, Bilder und Fotografien. Wir sind beide Kunstliebhaber und haben uns über die Zeit eine Sammlung angeschafft, die wir hier im Hotel mit unseren Gästen teilen.

VILLA MARIE

Das Vier-Sterne-Hotel Villa Marie, verborgen hinter den Hügelketten von Ramatuelle und nur zehn Autominuten von Saint-Tropez entfernt, ist eine Oase der Ruhe. Die verwunschene Gartenlandschaft mit Palmen, Orangen- und Zitrusbäumen legt einen zarten Zauber um die Villa und geht fließend in den drei Hektar großen Pinienwald über, der das Hotel beschützend umschließt. Die 42 Zimmer sind alle stimmig nach provenzalischer Art eingerichtet und schaffen durch die Kombination von zarten Pastelltönen und Landhausstil eine gemütliche Atmosphäre. Das Frühstücksbuffet auf der Terrasse wartet mit allem auf, was das Herz morgens begehrt, es gibt hausgemachte Orangen- und Feigenmarmelade, eine kleine Käseauswahl regionaler Anbieter, frisch gepresste Säfte und überhaupt Obst in Hülle und Fülle. Zubereitet von einem Koch, der eigens für das Frühstück zuständig ist und mit Rührei mit frischen Kräutern oder Omelette plain seine Gäste verwöhnt. Wenn man der Mittagshitze entfliehen möchte, kann man direkt von seinem Zimmer aus den Garten betreten, der mit seinen Schatten spendenden Pinien zum einzigartigen Naturpool, integriert in die umliegenden Felsen, führt.
Als Nicht-Hotelgast können Sie die Ruhe und die wunderbare Aussicht bis zur Küste von der Restaurant-Terrasse der Villa Marie genießen.

19 Villa Marie Adresse: Chemin de Val Rian, 83350 Ramatuelle Tel: 0033 (0)4 94974022 Internet: www.villamarie.fr Preise: DZ ab 330 Euro, Frühstück 31 Euro Öffnungszeiten Restaurant: Täglich 12.00 – 14.30 Uhr und 19.00 – 21.30 Uhr (in der Hochsaison bis 22.30 Uhr)

Villa

LA RÉSERVE RAMATUELLE

Auf dem Weg durch die hügelige Landschaft und vorbei an duftenden Pinienwäldern gelangt man von Saint-Tropez nach Ramatuelle, einem kleinen Bergdorf, das versteckt im Hinterland der Küste liegt. Das dortige Luxus-Wellnesshotel La Réserve wurde in den Fünfzigerjahren erbaut und 2009 nach Plänen des Star-Architekten Jean-Michel Wilmotte komplett umgestaltet. Der setzte dabei nicht auf eine pompöse Kulisse, sondern auf architektonische Leichtigkeit, eine helle Einrichtung, auf klares Design – und so manchen gelungenen Effekt. Der erste erwartet einen gleich in der Lobby, die einem Himmelsschiff gleicht, von dem aus man durch ein Panoramafenster einen grandiosen Blick auf das Mittelmeer hat und für einen Moment glaubt, darüber zu schweben. Die 16 Suiten und sieben großzügig bemessenen Zimmer haben eine Sonnenterrasse oder einen Garten – natürlich alle mit Meerblick. Morgens kann man in den 30 Meter langen Pool springen und seine Bahnen ziehen, umringt von Zypressen und einer atemberaubenden Aussicht, und sich auf das hervorragende Frühstück freuen. Von ofenwarmen Croissants über selbst gemachtes Granola mit Datteln und Gojibeeren, frisch gepresste Säfte, Käse aus der Region oder Omelette gibt es hier alles, was das Herz begehrt. Der ganzheitliche Anspruch und die einzigartige Lage, die ganz auf das Meer und den Himmel ausgerichtet ist, machen das La Réserve zu einem wirklich besonderen Ort voller Kraft und positiver Energie, an dem man einfach nur noch bleiben möchte.

20 La Réserve Ramatuelle Adresse: Chemin de la Quessine, 83350 Ramatuelle Tel: 0033 (0)4 94449444 Internet: www.lareserve-ramatuelle.com Preise: DZ ab 430 Euro inkl. Frühstück

SENEQUIER

SÉNÉQUIER

Das Sénéquier an der berühmten Uferpromenade in Saint-Tropez springt einem mit seinen leuchtend roten Stühlen und Tischen schon von Weitem ins Auge. Den Familienbetrieb gibt es seit mehr als 100 Jahren. Bereits am Nachmittag versammeln sich seine Gäste unter der Schatten spendenden Markise, um sich eine Pole Position zu sichern und das Schaulaufen bei einem Stück hausgemachter Tarte Tropézienne zu beobachten. Sehen und gesehen werden lautet hier das Motto. Karl Lagerfeld, der zu den Stammgästen gehört, verwandelte das Sénéquier einst in einen Laufsteg, um seine Kollektion vorzuführen, und reiht sich damit in die glanzvolle Vergangenheit des legendären Cafés ein. Wenn am Abend die Sonne untergeht, die schwimmenden Villen angeleuchtet in ihrem Weiß erstrahlen und tout Saint-Tropez sein Abendkleid anzieht, ist das Sénéquier ein hervorragender Ort für einen kleinen Snack. Das Clubsandwich oder die Tarte Sénéquier aux Anchovis sind Sénéquier-Klassiker, die sich zusammen mit einem Glas Champagner hervorragend ergänzen.

21 Sénéquier Adresse: Quai Jean Jaurès, 83990 Saint-Tropez
Tel: 0033 (0)4 94972020 Internet: www. senequier.com
Öffnungszeiten: Täglich durchgehend ab 7.00 Uhr

CUISINE

EQUIER

CAFE

Ein Gespräch mit Jean Robert de La Cruz

Inhaber des Sénéquiers

Das Sénéquier blickt auf eine lange Geschichte zurück, Sie betreiben es bereits in der dritten Generation.

Ja, alles begann im Jahr 1887 mit der Eröffnung einer Patisserie mit Teeladen, die sich schnell durch ihre Backkunst und vor allem mit dem weißen Nougat aus eigener Herstellung einen Namen in Saint-Tropez gemacht hat. Anfang der Dreißigerjahre wurde dann die Terrasse mit Ausblick auf den Hafen eröffnet, schon damals gab es die roten Stühle. Nach der Sprengung des Hafens zum Kriegsende 1944 wurde alles komplett zerstört. 1952 wurde das Sénéquier wieder aufgebaut. Es hat sich viel verändert in den mehr als 120 Jahren, aber geblieben ist die Qualität und der magnetische Anziehungspunkt für Menschen aus aller Welt.

Es gibt wahrscheinlich keinen Prominenten, der bei Ihnen noch nicht einen Kaffee getrunken hat.

Ja, stimmt. Das Sénéquier hat sich nach dem Krieg zum Künstler-Treffpunkt entwickelt und zog die High Society an, und das ist bis heute so geblieben. Das Sénéquier ist aber keine VIP-Lounge. Bei uns soll sich jeder wohl und willkommen fühlen, und wenn es nur auf einen Kaffee oder ein Clubsandwich ist.

Gibt es auch Momente, in denen Ihnen der Trubel zu viel wird?

Niemals, ich bin mit dem Trubel in den Sommermonaten aufgewachsen, er gehört zu Saint-Tropez. Meine Gäste kommen aus aller Welt, und ich liebe es, mit ihnen zu reden und zu lachen. Das möchte ich nicht missen.

☞ Glacière Barbarac

Vom Jachteigentümer bis zum Streetkid treffen sich alle in der Glacière Barbarac, denn hier gibt es das beste Eis in ganz Saint-Tropez. Schon 1986 wurde die beliebte kalte Süßigkeit nach einem italienischen Rezept hergestellt. Der gute Ruf der Eisdiele hat mehrere Gründe, zum einen wird das Dessert in eigener Herstellung ausschließlich mit ausgewählten und natürlichen Zutaten produziert, zum anderen ist bekannt, dass das Eis nur wenige Stunden vor dem Verkauf täglich frisch zubereitet wird. Dazu überrascht der Besitzer Harry Teneketzian sein Publikum immer wieder mit neuen und ganz außergewöhnlichen Kreationen.

Adresse: 2, Rue Général Allard, 83990 Saint-Tropez
Tel: 0033 (0)4 94976783, Internet: www.barbarac.fr

☞ La Tarte Tropézienne

1945 eröffnete Alexandre Micka in Saint-Tropez eine Bäckerei und bot neben verschiedenen Gebäcksorten einen Cremekuchen an, den er nach einem Rezept aus seiner polnischen Heimat kreierte. Als der Patissier 1956 die Filmcrew von Roger Vadim täglich mit seinen Köstlichkeiten versorgte, erfreute sich vor allem diese Torte großer Beliebtheit. Brigitte Bardot höchstpersönlich schlug Micka den Namen „Tarte de Saint-Tropez" vor. Wenig später erwarb der Bäcker das Patent auf den Namen „Tarte Tropézienne". Hat man im Laden endlich eine der begehrten Tartes ergattert, lässt sie sich auf dem Marktplatz beim Beobachten der Boulespieler wunderbar genießen.

Adresse: 36, Rue Georges Clémenceau, 83990 Saint-Tropez
Tel: 0033 (0)4 94977142, Internet: www.latartetropezienne.fr
Öffnungszeiten: Täglich 7.00 Uhr – 19.00 Uhr

☞ Markt auf der Place des Lices

Im Zentrum von Saint-Tropez liegt zwischen 100 Jahre alten Platanen die wunderschöne Place des Lices. Täglich versammeln sich hier die Einheimischen, um Boule zu spielen, jeden Dienstag und Samstag in der Zeit von 8 bis 13 Uhr jedoch verwandelt sich dieser sonst beschauliche Platz in einen großen, quirligen Markt. Dutzende von Ständen lassen sich hier bestaunen, die von Käse über Gemüse bis zu Antiquitäten einfach alles verkaufen. Die Einheimischen treffen sich bereits um 8 Uhr zum Einkauf, um dem touristischen Ansturm und Gedränge der Massen, die ab 10 Uhr auf den Markt einströmen, zu entgehen, und nehmen anschließend einen Café au lait auf der Terrasse des Café des Arts.

Adresse: Place des Lices, 83990 Saint-Tropez
Öffnungszeiten: Dienstag und Samstag 8.00 – 13.00 Uhr

Le Magnan
RESTAURANT LA MÔLE - Golfe de St-TROP

LE MAGNAN

Von Saint-Tropez aus erstreckt sich das Maures-Massiv in seiner ganzen Schönheit. Gerade eben noch das blendend blaue Meer vor Augen, sieht man jetzt Kastanien und Pinienwälder, die die Berghänge in ein sattes dunkles Grün färben und den Trubel der Küste vergessen lassen. An den ersten Ausläufern des Massivs liegt, nur 15 Kilometer von Saint-Tropez entfernt, das Restaurant Le Magnan. Hier kann man sich bei einem fantastischen Ausblick auf unberührte Täler auf gute provenzalische Küche freuen. Beliebte Klassiker sind die Tartine de Figues, geröstetes Brot mit einem Aufstrich aus frischen Feigen und Ziegenfrischkäse, gegrillter Fisch oder Filet vom Lamm, das zuvor sieben Stunden lang mit Kräutern aus der Region mariniert wurde. Dazu sollten Sie unbedingt ein Glas Rosé vom benachbarten Weingut Domain des Campaux probieren. Mit etwas Glück sitzt sogar der Winzer am Nachbartisch. Geführt wird das Magnan von der Pariser Familie Ruoppolo-Badri, die der Großstadt den Rücken kehrte und vor einem Jahr in dieser Bergidylle ein Restaurant eröffnete. Im Sommer sitzt man wunderbar auf der von hundertjährigen Maulbeerbäumen gesäumten Terrasse. Und im Winter ganz gemütlich in hohen Räumen mit dicken Holzbalken. Früher, Mitte des 19. Jahrhunderts, wurden hier Seidenraupen gezüchtet.

22 Le Magnan Adresse: 3085, Route de Cogolin, 83310 La Môle
Tel: 0033 (0)4 94495754 Internet: www.lemagnan.fr
Öffnungszeiten: Juni – September täglich mittags und abends,
im Oktober und November Sonntag Abend und Montag geschlossen,
im Dezember auch Dienstag geschlossen

Tartine mit Ziegenkäse und Feigen

Für 4 Personen

Für das Chutney die Feigen in Würfel schneiden, mit dem Zucker in einem Topf vorsichtig karamellisieren. Mit dem Weinessig ablöschen. So lange auf kleiner Flamme rühren, bis das Chutney eingedickt ist. Etwas abkühlen lassen und anschließend im Kühlschrank kalt stellen.
Ziegenfrischkäse mit Mascarpone, Schnittlauch, Petersilie und Sahne vermengen und das gekühlte Chutney unter die Masse heben. Salzen und pfeffern.
Zum Schluss die Bruschetta in fingerdicke Scheiben schneiden, mit dem Chutney bestreichen und den in Scheiben geschnittenen Schalotten garnieren.

250 g Feigen
150 g Zucker
50 ml Weinessig
200 g Ziegenfrischkäse
50 g Mascarpone
frische Petersilie,
Schnittlauch (gehackt)
2 EL Sahne
Salz, Pfeffer
1 Bruschetta-Brot
3 Schalotten (in Scheiben geschnitten)

Le Club 55

LE CLUB 55

Le Club 55, gelegen an der Bucht von Pampelonne in Saint-Tropez, ist der Klassiker unter den Strandclubs, nein: ein Strandparadies, mit einem Restaurant, das sich über die Jahrzehnte weltweit Kultstatus erworben hat. Man speist direkt am Meer unter einem Segeltuch. Im kühlen Schatten lässt sich der Nachmittag mit mediterranen Spezialitäten bei einer Flasche Rosé vom Weingut Château de Pampelonne genießen. Dicht an dicht sitzt man gemeinsam mit dem internationalen Szene-Publikum, beobachtet die unermüdlichen Kellner, die sich elegant durch das lebhafte Treiben schlängeln, und erfreut sich an dem atmosphärischen Zauber, der den Club 55 ausmacht. Die Speisekarte umfasst beliebte provenzalische Spezialitäten. Besonders empfehlenswert sind die Fischgerichte, und Sie sollten nicht die beliebte Vorspeise Panier de Crudités verpassen: knackiges, rohes Gemüse, das üppig auf einer Holzplatte angerichtet und in die berühmte Sauce Anchoïade Maison gedippt wird. Für das perfekte Club-55-Gefühl sollten Sie sich unbedingt auch eine Liege am privateigenen Strand mieten, einen Sprung in die glitzernden Fluten wagen, sich an der Beach-Bar mit einem kühlen Getränk erfrischen und einen Blick in die Strandboutique mit lässigen Strand-Outfits, Schmuck und Taschen werfen. Sommer-Feeling pur: Ein schöneres Zusammenspiel aus Meer, Sand und Flair gibt es an der ganzen Côte nicht.
Da ein Lunch im Club 55 ein absolutes Muss bei jedem Saint-Tropez-Besuch ist, sollten Sie unbedingt frühzeitig einen Tisch reservieren.

23 Le Club 55 Adresse: Plage de Pampelonne, 43, Boulevard Patch, 83350 Ramatuelle Tel: 0033 (0)4 94555555 Internet: www.club55.fr Öffnungszeiten: ab 25. März täglich 10.00 – 20.00 Uhr

CLUB 55

Panier de Crudités mit Sauce Anchoïade

Für 4 Personen

Das ist nicht das Originalrezept, denn das ist schließlich geheim und sehr komplex. Es besteht aus fünf verschiedenen Grundsaucen. Die Autoren haben sich mit der Sauce intensiver beschäftigt und das ist ihre vereinfachte Interpretation.

Zubereitung:
Die rohen Gemüse putzen, waschen und auf einer großen Platte üppig anrichten.
Für die Anchoïade die Butter im Wasserbad auflösen, die Anchovis und den vorher mit einem Mörser zerkleinerten Knoblauch dazugeben und in der Butter anschwitzen. Das Olivenöl hinzufügen und alles zu einer cremigen Sauce verrühren. Nach Geschmack pfeffern.
Die hartgekochten Eier zusammen mit der Sauce anrichten.

Gemüse
3 Tomaten
5 Champignons
4 Chicorée
2 Fenchelknollen
1 Bd. Stangensellerie
1 Bd. Karotten
1 Bd. Radieschen
1 Gurke
2 Zitronen
4 hart gekochte Eier

Anchoïade
125 g Butter
200 g Anchovis
1 Knoblauchzehe
125 ml Olivenöl
Pfeffer

le Club 55
ub 55
Le Club 55

RESTAURANT PROVENÇAL
PRODUITS FRAIS. CUISINE DE MAISON
La Farigoulette
TERRASSE JARDIN.
TEL. 04.94 79.20.49

LA FARIGOULETTE

Von außen erinnert das romantisch von Wein umrankte Haus mit seinen klappernden Ziegelsteinen und den schweren Holzblumenkästen an eine mittelalterliche Märchenhütte. Tritt man in das Restaurant ein, wird man vom freundlichen Personal in Empfang genommen und im Gastraum platziert. Alles ist hier in ein Farbenmeer aus Erd- und Sonnentönen getaucht, die durch ihre sanfte Tonalität das Lebensgefühl der Region widerspiegeln. In der offenen Küche mit dem Holzkohlegrill kocht Jean Claude Baldissera. Er ist mit der provenzalischen Küche aufgewachsen und hat die Rezepte von seiner Großmutter übernommen, die jahrelang ein Restaurant in Toulon führte. Zusammen mit seiner Frau betreibt er das Restaurant in der Tradition seiner Großmutter. Egal ob das mit Fleisch gefüllte Sommergemüse, die hausgemachte Pasta mit Tomaten-Basilikum-Pesto, ein saftiges Rinderkotelett, wunderbar zart vom Holzkohlegrill, oder die Feigentarte zum Dessert, alles schmeckt unwiderstehlich gut. Vorher allerdings müssen Sie sich entscheiden, wo Sie die Speisen genießen wollen: auf der schönen Aussichtsterrasse mit Blick über das Bergdorf oder im verwunschenen Garten mit seinen wilden Pflanzen, zu dem eine abenteuerlich steile Wendeltreppe führt. So oder so ist Ihnen ein unvergesslicher Abend in dieser lebensfrohen Atmosphäre garantiert.

24 La Farigoulette Adresse: Rue Victor Léon, 83350 Ramatuelle
Tel: 0033 (0)4 94792049 Öffnungszeiten: April – September täglich
12.00 – 15.30 Uhr und 19.00 – 22.00 Uhr, Juli und August 19.00 – 23.00 Uhr

E-866

DIE RUHIGERE CÔTE – IN UND UM CASSIS

Für viele Kenner der Côte d'Azur ist Cassis ein Lieblingsort. Das malerische Küstenstädtchen wird von den senkrecht ins Meer abfallenden Kalkfelsen umarmt und liegt gut geschützt eingebettet in einer dramatischen Naturkulisse. Wenn Ende Juni in Cassis das Fest des Meeres stattfindet und die Restaurants am Fischerhafen traditionelle Sardinen- und Sardellengerichte anbieten, blüht der frühe Geist des einstigen Fischerdorfs wieder auf. Auch hier haben die strahlend weißen Jachten ihren Weg in den Hafen gefunden. Cassis ist ursprünglich geblieben und hat seinen Charme trotz des Tourismus nicht verloren. So muss das Lebensgefühl in Saint-Tropez gewesen sein, bevor der große Trubel begann. Vielleicht liegt es an den Naturlandschaften wie den Calanques, die mit ihren fjordartigen Buchten und kristallklarem Wasser zum Baden einladen, oder dem Cap Canaille, der höchsten Steilküste Frankreichs. Cassis hat sich im Gegensatz zu vielen anderen Orten an der Côte d'Azur eine Gelassenheit bewahrt, die ansteckend auf Einwohner und Besucher wirkt. Zu guter Letzt sollte der Wein der Region nicht unerwähnt bleiben, dessen Anbaugeschichte bis ins 12. Jahrhundert zurückgeht. Die Weine aus Bandol haben durch die Nähe zum Meer ein ganz besonderes, mediterranes Aroma. Sei es der Weißwein, der hervorragend zu einer Bouillabaisse passt, oder der leicht gekühlte Rosé am Nachmittag zu Käse und frischem Baguette.

MAISON°9 CASSIS

MAISON°9

Madame Cynthia Kayser-Maus hat sich mit dem Maison°9 einen langjährigen Wunsch erfüllt. Die frankophile Hanseatin hat die Côte d'Azur schon in den Siebzigerjahren zu ihrer Wahlheimat erkoren. 2006 entdeckte sie eine 300 Jahre alte Weindomäne in Cassis und kreierte ein exklusives Bed & Breakfast, das Maison°9. Mit viel Liebe zum Detail hat sie die vier Zimmer des alten Landhauses eingerichtet. Ihr Stil harmoniert perfekt mit der natürlichen Umgebung des Hotels und setzt bewusst auf Geschmack und Klasse.
Von der Terrasse hoch oben über der Bucht bietet sich eine einmalige Kulisse mit freiem Blick auf die umliegenden Weingärten und die Steilküste von Cassis. Die rechte Hand der Inhaberin, Madame Crystelle, sorgt morgens für ein ausgewogenes Frühstück und verrät ihren Gästen, wo es im Ort die beste Bouillabaisse gibt. Will man nicht am Pool unter großen Sonnenschirmen und mit Panorama-Aussicht auf das Cap Canaille relaxen, ist das Maison°9 auch der perfekte Ausgangspunkt für eine Entdeckungsreise in Cassis und den Calanques.

25 Maison°9 Adresse: 9, Avenue du Docteur Yves Bourde, 13260 Cassis
Tel: 0033 (0)4 42083586 Internet: www.maison9.net
Preise: DZ ab 245 – 265 Euro inkl. Frühstück (November – März geschlossen)

Ein Gespräch mit Madame Cynthia Kayser-Maus

Innenarchitektin und Besitzerin des Maison°9

Was hat Sie dazu bewogen, in Cassis das Maison°9 entstehen zu lassen?

Es war schon immer mein Traum, solch ein Haus zu besitzen. Ich lebte in den Sechziger- und Siebzigerjahren in Marseille, später dann in Hamburg. Nach Cassis kam ich aber immer wieder zurück. Ich habe sehr viele Freunde hier und mich eigentlich von Anfang an in diesen Ort verliebt. Vor allem im Winter, wenn die Saison vorbei ist, Ruhe einkehrt, der Mistral durch den Hafen weht und man sich mit den Einheimischen abends im Restaurant trifft, sind es diese Momente, die meiner Lebensart sehr nahe kommen.

Die 300 Jahre alte Weindomäne strahlt eine warme und entspannte Atmosphäre aus.

Wir haben sechs Monate lang renoviert, das Haupthaus komplett entkernt, aber nichts angebaut. Seit 2007 ist das Maison°9 in Betrieb. Unser Haus ist sehr persönlich. Wir haben einen wunderbaren internationalen Gästestamm. Daraus sind auch schon viele Freundschaften entstanden. Wir haben Gäste, die bereits sechsmal hier waren. Sehr freut mich, dass ich es geschafft habe, einen besonderen Ort zu schaffen, an dem man sich wohlfühlen kann.

Wie würden Sie die Philosophie Ihres Hauses beschreiben?

Durch meine Arbeit als Innenarchitektin liegt es mir sehr am Herzen, dass ich einen Ort gestalte, an dem sich der Gast angekommen und sicher fühlt. Ich lasse mich ständig neu inspirieren, kaufe Möbel und Bilder oder streiche die Zimmer in einer anderen Farbe. Ich liebe es, zu entdecken und zu dekorieren. Mein Vater war Bühnenbildner an der Hamburger Staatsoper und meine Mutter Tänzerin. Ich bin mit Kunst und schönen Dingen aufgewachsen, das steckt in mir und das möchte ich weitergeben.

BADA

Das Hamburger Model Nicolena Dosen und der vorher im Hotelbusiness tätige Franzose Yann Cheaureau kehrten nach 15 Jahren Großstadtleben New York den Rücken, um in Cassis ihre eigene Beach-Bar zu eröffnen.
„Bada“ bedeutet im provenzalischen Dialekt so viel wie „das gewisse Extra“, und der Name verspricht nicht zu viel: In lässiger Atmosphäre und mit einem Hauch Metropolen-Flair kann man hier am Strand von Cassis wunderbar die Seele baumeln lassen. Egal ob zum Lunch auf der weißen Holzterrasse bei einem frischen Salat mit einem Glas Rosé oder auf einer der Strandliegen auf dem Sonnendeck, und immer mit Blick auf Cap Canaille, Frankreichs höchste Klippen. Besonders schön ist die einzigartige Kulisse am Abend, wenn sich die Lichter am Hafen im Wasser spiegeln und sich der Sound elektronischer Musik aus den Lautsprechern mit dem Rauschen des Meeres mischt.

26 Bada Adresse: Plage de la Grande Mer, Promenade Aristide Briand, 13260 Cassis Tel: 0033 (0)4 42837009 Internet: www.bada-cassis.com Öffnungszeiten: Täglich ab 9.00 Uhr

14

☞ Mit dem Boot zu den Calanques

Wenn Sie in Cassis sind, sollten Sie eine Bootstour zu den Calanques auf keinen Fall verpassen. Der Anblick der weißen Felswände, die ins türkisfarbene Wasser tauchen, ist einfach atemberaubend. Vom Hafen fahren täglich mehrere Boote zu den Buchten. Es gibt ein- bis mehrstündige Fahrten. In eineinhalb Stunden können für 19 Euro acht Calanques bestaunt werden.

Internet: www.calanques-cassis.com

SIROCCO

LA POISSONNERIE LAURENT

Die Poissonnerie Laurent ist eines der beliebtesten Fischrestaurants in Cassis. Hier herrscht immer Hochbetrieb, die Kellner eilen geschäftig aus der Küche, und der Inhaber Eric Giannettini koordiniert mit sizilianischem Temperament die Belegung der Tische, unterhält wartende Gäste und bringt auch mal einen Stuhl raus, wenn es etwas länger dauern sollte. Das Publikum präsentiert sich bunt gemischt aus Einheimischen, Großstädtern und Touristen, die zum Bouillabaisseessen kommen.

„Hier wird die wahre Bouillabaisse gekocht", erklärt Eric, und zwar in Anlehnung an das Originalrezept seiner Großmutter. Sie achtete streng darauf, die Suppe in ihrer Einfachheit zu belassen ohne Jakobsmuscheln und anderen edlen Fisch. Sein Vater hasste diese Suppe und nannte sie „die Suppe des unverkauften Fischs". Heute kann man bei Eric beide Varianten bekommen, entweder als Fischsuppe pur oder mit gegrillten Fischstücken, jeweils mit knusprigen Croûtons und Rouille, einer Knoblauchmayonnaise. Mit einem kühlen Weißwein und dem Blick auf den Fischerhafen mit seinen Segelboten und die Hafenpromenade könnte ein Abend in Cassis nicht schöner ausklingen.

27 La Poissonnerie Laurent Adresse: 6, Quai Jean Jacques Barthélémy, 13260 Cassis Tel: 0033 (0)4 42017156 Öffnungszeiten: Mai – Oktober Dienstag – Samstag 19.00 – 22.00 Uhr, sonst Dienstag – Sonntag 12.00 – 13.30 Uhr, im Januar geschlossen

VENTE A
EMPORTER
Poissonnerie
ARRIVAGE
-BONITE
-CHAPONS

04.42.01.71.56
BIENVENUE
BORD

Ein Gespräch mit Eric Giannettini

Inhaber der Poissonnerie Laurent

Sie stammen aus einer Fischerfamilie, die schon lange in Cassis ansässig ist.

Ja, unsere Familie gibt es seit fünf Generationen in Cassis. Meine Urgroßväter haben sich hier mit dem Fischhandel etabliert und wurden zu den wichtigsten Fischlieferanten der Region. Mein Bruder arbeitet noch heute als Fischer, von ihm beziehe ich auch meine Produkte, die ich fangfrisch jeden Morgen am Hafen abhole. Die Familientradition weiterzuführen, liegt mir sehr am Herzen.

Sie bieten traditionelle französische Küche an. Versuchen Sie, diese mit neuen Ideen zu bereichern?

Es gibt hier keine kreative Küche, die das Produkt zu etwas Neuem transformiert. Zum Fisch werden klassische und einfache provenzalische Beilagen gereicht, wie ein Zucchinigratin oder Kartoffeln. Wir bieten dieselben Gerichte an, die es schon immer gab. Das Produkt ist die Basis und soll in seiner Natürlichkeit erhalten bleiben.

Das Essen war köstlich. Schlicht und authentisch.

Wichtig ist, dass alles frisch zubereitet wird. Bei der Herstellung der Gerichte ist es wesentlich, dass der Koch sehr genau weiß, wie man mit Fisch umgeht, also wie man ihn grillt oder kocht. Das ist eine Frage des Gefühls. Wir servieren hier die einfache bürgerliche und traditionelle Küche, mit der ich aufgewachsen bin, dementsprechend sollen die Preise der Gerichte gestaltet sein. Ein paar gegrillte Sardinen und ein Glas Wein sollten für jeden erschwinglich sein.

☞ Der Wochenmarkt in Cassis

Der Wochenmarkt in der Altstadt lockt schon von Weitem mit seinen Düften und Farben und verströmt ein wunderbares Südfrankreich-Feeling. Hier kann man von provenzalischem Obst und Gemüse sowie Käse über Nougat bis zu Strohtaschen alles finden, was die Region zu bieten hat. Es herrscht eine fröhliche Marktstimmung, und die Händler lassen auch gern mal probieren.

Adresse: Place Baragnon, 13260 Cassis
Öffnungszeiten: Mittwoch und Freitag 8.00 – 13.00 Uhr

ROUTE DES CRÊTES

Die Aussicht vom Cap Canaille, den höchsten Klippen Frankreichs, sorgt für einen unvergesslichen Moment, den man so nicht erwartet hat. Der Blick schweift am Küstengebirge entlang über die vor Marseille gelegene Inselgruppe hinaus aufs blaue Meer. Gerade noch wichtig erschienene Gedanken sind vergessen. Man sollte jedoch schwindelfrei sein, wenn man einen Tiefblick von den über 400 Meter über dem Meeresspiegel liegenden Klippen wagt. Am besten, Sie decken sich vorher mit Brot, Käse und Wein für ein Picknick auf dem Dach der Côte d'Azur ein. Trotz der vielen Besucher, die täglich hierherkommen, um diese Ausblicke für einen Moment festzuhalten, bietet die Felsenküste genug Fläche, um einen ungestörten Platz zu finden und diesen wunderbaren Ort der Ruhe zu genießen.
Ganz besonders ist die Stimmung am frühen Abend, wenn das zarte Rot der Sonne die weißen Kalkfelsen einfärbt und in der Bucht von Cassis nach und nach die Lichter angehen. Für Wanderfreudige gibt es einen Pfad, der 15 Kilometer an der Küste entlang bis zum benachbarten Ort La Ciotat führt.

28 Route des Crêtes Adresse: Route des Crêtes Anfahrt: Die Auffahrt ist an der D559, die Cassis mit Marseille und La Ciotat verbindet. Circa 500 Meter vom Ortszentrum am Hafen entfernt, in Richtung La Ciotat, biegt die Strecke, als Route des Crêtes ausgeschildert, ab.

BANDOL
DOMAINE DE
L'OLIVETTE
CUVÉE SPÉCIALE
DOMAINE DE
L'OLIVETTE
2010
BANDOL

L'EAU
DE
CASSIS
100% PARFUMS DU SUD
BARAGNON

BANDOL
DOMAINE
LA SUFFRENE
BANDOL
2004

DOMAINE LA SUFFRÈNE

Als Cédric Gravier 1996 den kleinen Familienbetrieb nahe dem Küstendorf Bandol im Landesinneren übernahm, richtete er das Weingut erst einmal neu aus, baute eine neue Kellerei und stellte Modernität und Funktionalität in den Vordergrund. Seine Auswahl mit einem Rot-, einem Weiß- und einem Roséwein sowie zwei Cuvée-Weinen ist immer noch klein, aber mittlerweile preisgekrönt und sogar in ausgewählten europäischen Feinkostläden zu finden. Verkosten kann man alle Weine im Verkaufsraum vor Ort und mit etwas Glück auch eine Führung durch den Weinkeller machen.
Besonders begeistert der leicht blasse feinduftige Rosé mit frischen Himbeer- und Grapefruitaromen der Mourvèdre-Traube und den typischen Salznoten Bandols. Der Inbegriff von Sommerurlaub in Südfrankreich. Die Weinlese findet von September bis Oktober statt, dabei werden die Trauben traditionell von Hand gepflückt und im Keller ein zweites Mal verlesen. Neben der Weinproduktion hat sich der Winzer aus Leidenschaft 1999 eine Olivenmühle gekauft und stellt seither sein eigenes kalt gepresstes Olivenöl her.

29 Domaine la Suffrène Adresse: 1066, Chemin de Cuges, 83740 La Cadière d'Azur Tel: 0033 (0)4 94900923 Internet: www.domaine-la-suffrene.com Öffnungszeiten: Montag – Freitag 9.00 – 12.00 Uhr und 14.00 – 18.00 Uhr, Samstag 9.30 – 12.30 Uhr und 14.30 – 18.30 Uhr

LA SUFFRENE

☞ Weine aus Bandol

Das relativ kleine Anbaugebiet Bandol ist besonders berühmt für seine kräftigen Rot- und Roséweine. Hochqualitativer Wein kann bis zu zehn Jahren gelagert werden und enthält durch das Klima sein ganz besonderes mediterranes Aroma. Vor allem besticht der Weinanbau durch die hochwertige, charakterstarke Traubensorte Mourvèdre.

BANDOL
APPELLATION BANDOL CONTROLÉE
DOMAINE
LA SUFFRENE
Millésime 2007
MIS EN BOUTEILLE AU DOMAINE
GAEC GRAVIER-PICHE VIGNERONS A LA CADIERE - FRANCE
PRODUIT DE FRANCE
Cuvée Ste Catherin

POSTE DE
SECOURS

SMART
TRAVELLING

GUT ZU WISSEN

Die Côte d'Azur ist groß, darum ist dieser Infoteil so klein. Hier erfahren Sie nicht alles und jedes, sondern genau das, was Sie für eine perfekte Woche brauchen. Wenige, aber genau die richtigen Informationen; Wissenswertes über die Lebensart an der Côte d'Azur, eine kleine subjektive Auswahl an Sehenswürdigkeiten, Spaziergängen und Tipps für Unternehmungen die ganze Woche über. Dazu eine Karte mit all unseren Lieblingsadressen, damit Sie nicht lange suchen müssen, sondern gleich anfangen können, die Côte d'Azur zu genießen.

DIE SCHÖNSTEN MUSEEN

Musée d'Art et d'Art Contemporain (MAMAC)

In einem auffälligen Marmorblock und von Olivenbäumen und Wasserbecken umgeben, ist das von den südfranzösischen Architekten Yves Bayard und Henri Vidal konzipierte Museum für moderne Kunst schon von Weitem sichtbar. Eine bemerkenswerte Auswahl europäischer und amerikanischer Avantgarde seit Beginn der Sechzigerjahre bis heute lässt sich hier besichtigen, darunter zeitgenössische Kunstwerke sowie

Gemälde französischer Künstler aus der Region wie Ben, Arman und Yves Klein neben Amerikanern wie Jasper Johns, Andy Warhol und Roy Lichtenstein.

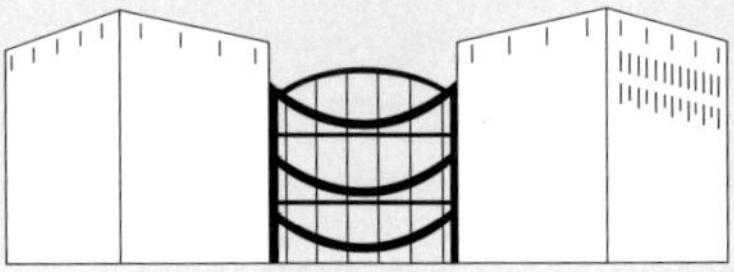

Promenade des Arts, 06364 Nizza
Tel: 0033 (0)4 97134201
www.mamac-nice.org
Dienstag – Sonntag 10.00 – 18.00 Uhr, Montag geschlossen

Musée des Beaux-Arts

Etwas südlich von der Altstadt Nizzas im ruhigen Wohnviertel Quartier des Baumettes ist im ehemaligen Privatwohnsitz der ukrainischen Prinzessin Kotschubey das Museum der Schönen Künste untergebracht. Die Belle-Époque-Villa von 1878 mit dem wunderbaren Garten ist ebenso sehenswert wie die feine Sammlung von Malereien aus dem 17., 18. und 19. Jahrhundert von Künstlern wie Fragonard, Degas, Boudin sowie Skulpturen von Sisley.

33, Avenue des Baumettes
06000 Nizza
Tel: 0033 (0)4 92152828
www.musee-beaux-arts-nice.org
Dienstag – Sonntag 10.00 – 18.00 Uhr, Montag geschlossen

La Villa Arson

Anfang der Siebzigerjahre gegründet, wurde die Villa Arson schnell zur nationalen Institution, was die Präsentation zeitgenössischer Kunst betrifft. In dem prunkvollen Gebäude aus dem 18. Jahrhundert befinden sich die École Nationale d'Art und das Centre National d'Art Contemporain sowie eine Residenz für Künstler neben ausgedehnten Terrassen und Gärten, die den Besucher zum Spazieren einladen.

20, Avenue Stephen Liégeard
06100 Nizza
Tel: 0033 (0)4 92077373
www.villa-arson.org
Mittwoch – Sonntag 14.00 – 18.00 Uhr, Juli und August bis 19.00 Uhr, Dienstag geschlossen

Musée de l'Annonciade

Das Museum befindet sich am Hafen von Saint-Tropez in einer ehemaligen Kapelle aus dem 16. Jahrhundert. Es gibt eine Auswahl an Künstlern zu bestaunen, die die Schaffenszeit der Impressionisten und Postimpressionisten geprägt haben. Neben Pierre Bonnard, Georges Braque, Raoul Dufy, Henri Matisse und Paul Signac sind auch wechselnde Ausstellungen zu sehen. Ein lohnenswerter Ausflug in die künstlerische Vergangenheit der Côte d'Azur.

Le Port, 83990 Saint-Tropez
Tel: 0033 (0)4 94178410
Juni – September 10.00 – 12.00 Uhr und 15.00 – 19.00 Uhr
Oktober – Mai 10.00 – 12.00 Uhr und 14.00 – 18.00 Uhr
Dienstag ganzjährig geschlossen

Musée Renoir

Die Villa Les Collettes war der letzte Wohnsitz Renoirs, heute ist sie eine Gedenkstätte für den französischen Maler. Betritt man die Räume, könnte man meinen, dass der Meister gleich höchstpersönlich durch die Tür tritt. Die Ateliers im Haus wurden im Originalzustand belassen, um den Geist Renoirs zu bewahren. Neben einigen Gemälden werden Zeichnungen, Briefe und Fotos ausgestellt. Ein Spaziergang im wunderschön angelegten Garten mit seinen Skulpturen zwischen Orangen- und Olivenbäumen ist besonders zu empfehlen.

19, Chemin de Collettes
06800 Cagnes-sur-Mer
Tel: 0033 (0)4 93206107
Juni – September 10.00 – 13.00 Uhr und 14.00 – 18.00 Uhr, Garten 10.00 – 18.00 Uhr, Oktober – März 10.00 – 12.00 Uhr und 14.00 – 17.00 Uhr, April – Mai bis 18.00 Uhr
Dienstag ganzjährig geschlossen

Musée Matisse

Vorweg sei gesagt: In der genuesischen renovierten Villa aus dem 17. Jahrhundert werden Sie keines der Meisterwerke von Matisse sehen. Diese befinden sich allesamt in den USA. Dafür erhalten Sie hier einen guten Einblick in das Leben und die Entwicklung dieses Malergenies, das von 1917 bis 1954 in Nizza lebte. Die Sammlung umfasst neben Gravuren, Zeichnungen und Ölgemälden, die aus Schenkungen von Matisse und seiner Familie stammen, das nahezu vollständige bildhauerische Werk des Künstlers. Nach einem Besuch können Sie auf den Spuren des Meisters durch den Park wandeln und nachspüren, wie das Licht der Landschaft seine Gemälde geprägt hat.

164, Avenue des Arènes de Cimiez
06000 Nizza
Tel: 0033 (0)4 93810808
www.musee-matisse-nice.org
Mittwoch – Montag 10.00 – 18.00 Uhr,
Dienstag geschlossen

Musée Chagall

Auf halbem Weg zwischen der Altstadt und dem Stadtviertel Cimiez auf dem Hügel liegt das Chagall-Museum. Ein moderner Bau, in dem 17 große Ölgemälde und viele Skizzen und Skulpturen des großen Malers besichtigt werden können, der an der Côte d'Azur gearbeitet und gelebt hat. Die biblisch inspirierten Ölgemälde wurden ursprünglich für eine Kapelle in Vence gemalt und kamen durch Vermittlung von André Malraux glücklicherweise nach Nizza.

Avenue du Docteur Ménard
06000 Nizza
Tel: 0033 (0)4 93538720
www.musee-chagall.fr
November – April 10.00 – 17.00 Uhr,
Mai – Oktober 10.00 – 18.00 Uhr,
Dienstag geschlossen

Musée Jean Cocteau und Musée Jean Cocteau Collection Séverin

Gleich zwei Museen in Menton huldigen mit rund 2000 Werken dem vielseitigen Genie des französischen Dichters und Filmemachers Jean Cocteau. Der Künstler gestaltete das Musée Jean Cocteau noch selbst, erlebte die Eröffnung aber nicht mehr. Die Ausstellung mit einer Sammlung seiner Gemälde und Keramikplastiken ist in der alten Bastion aus dem 17. Jahrhundert untergebracht. Die direkte Lage am Hafen lädt anschließend zu einem Spaziergang auf der Promenade ein.
Ganz neu ist seit Ende 2011 ein zweites Museum, dessen Dach wie ein loderndes Flammenmeer gestaltet ist. Gezeigt werden Zeichnungen, Manuskripte, Film- und Theaterarbeiten des Universaltalents sowie zahlreiche Werke moderner Kunst von Modigliani, Miró, Sarah Bernhardt und des exzentrischen japanischen Malers und Grafikers Tsuguharu Foujita. Von innen hat man zwischen den Pfeilern hindurch einen großartigen Blick auf das Meer.

Musée Jean Cocteau
Quai Napoléon III, Bastion du Vieux Port, 06500 Menton
Tel: 0033 (0)4 93577230
Mittwoch – Montag 10.00 – 18.00 Uhr, Dienstag und an Feiertagen geschlossen

Musée Jean Cocteau Collection Séverin
2, Quai de Monléon, 06500 Menton
Tel: 0033 (0)4 89815250
Mittwoch – Montag 10.00 – 18.00 Uhr, Dienstag und an Feiertagen geschlossen

Musée Picasso (Siehe S. 102)

KIRCHEN UND PALÄSTE

Die Kirche von Saint-Tropez mit Blick auf Port Grimaud

Die Église Paroissiale wurde im 11. Jahrhundert erbaut und befindet sich in der Altstadt von Saint-Tropez am Ende der schmalen Straße Rue Saint-Jean. Unschwer ist die mehrfarbige Kirche sogleich zu entdecken, denn der im römisch-byzantinischen Stil erbaute Kirchturm ragt ruhend über alle Gebäude der Altstadt und bietet einen freien Blick bis nach Port Grimaud.

26, Rue Gambetta
83990 Saint-Tropez
Tel: 0033 (0)4 94970562
www.paroisse-saint-tropez.com

Der Friedhof von Saint-Tropez (Cimetière Marin)

Dem Mittelmeer zugeneigt, gewährt der 1815 angelegte Marinefriedhof Cimetière Marin seinen Besuchern ein atemberaubendes Panorama auf die azurblaue Küste. Besonders eindrucksvoll ist der Ausblick bei Sonnenauf- und Sonnenuntergang. Ein stiller, friedvoller Ort abseits vom Promitrubel.

Montèe de la Citadelle
83990 Saint-Tropez
Täglich 10.00 – 18.00 Uhr

Cathédrale Saint-Nicolas

Im 19. Jahrhundert verbrachten viele aristokratische Familien aus Russland, dem Beispiel des Zaren Alexander II. folgend, die Wintersaison an der französischen Riviera und dominierten zeitweise das kulturelle Geschehen Nizzas. Sie hinterließen außergewöhnliche Besitztümer und Monumente wie die schöne russische Kathedrale Saint-Nicolas, die zugleich die älteste orthodoxe Kirche in Westeuropa ist, das Valrose Schloss, den russischen Friedhof und die Privatvilla der ukrainischen Prinzessin Kotschubey, in der man heute eine interessante Kunstsammlung des Museums der Schönen Künste bewundern kann. Hier werden neben Impressionisten wie Degas oder Bougin auch Werke der russischen Malerin und Bildhauerin Maria Bashkirtseff ausgestellt, die viel Zeit in Nizza verbrachte und mit ihrem veröffentlichten Tagebuch Ende des 19. Jahrhunderts berühmt wurde. Ein weiteres imposantes russisches Überbleibsel dieser Zeit hängt im Grandhotel Negresco, ein Kristalllüster, von dem es auf der Welt nur noch ein weiteres Exemplar im Moskauer Kreml gibt.

6, Rue Longchamp
Montag – Samstag 14.30 – 18.30 Uhr

Palais Lascaris

Die in der Altstadt von Nizza gelegene wunderschöne Villa im genuesischen Stil wurde im 17. Jahrhundert als Privatresidenz von Jean-Paul Lascaris-Ventimille erbaut und 1963 umfassend restauriert. Im Gewölbe der Eingangshalle entdeckt man das Familienwappen mit dem Motto: „Nec me fulgura" (Und selbst der Blitz wird mich nicht töten). Besonders sehenswert sind das perfekt erhaltene Barock-Interieur und die Deckenfresken mit mythologischen Motiven im ersten Stockwerk des viergeschossigen Palastes. Zudem gibt es immer wieder wechselnde Ausstellungen.

15, Rue Droite, 06300 Nizza
Tel: 0033 (0)4 93627240
Täglich 10.00 - 18.00 Uhr

DURCH DIE PARKANLAGEN DER REGION

Villa & Jardins Ephrussi

Die luxuriöse Villa am Cap Ferrat mit der prachtvollen, königlich wirkenden Gartenanlage, bestehend aus verschiedenen Themengärten, wurde von der Baronin Ephrussi, einer geborenen Rothschild, erbaut. Die rosafarbene Fassade der Villa, eingebettet

im satten Grün des Gartens vor der Kulisse der azurblauen Küste, wirkt wie ein Postkartenmotiv.
Für eine kleine Pause und eine Stärkung zwischendurch gibt es im früheren Dining Room von Béatrice Ephrussi de Rothschild einen Teesalon mit Restaurant. Besonders zu empfehlen ist ein Platz auf der angrenzenden Terrasse. Unter Orangenbäumen sitzend und mit herrlichem Ausblick auf die Bucht von Villefranche, durchströmt den Besucher echtes Riviera-Gefühl.

1, Avenue Ephrussi de Rothschild
06230 Saint-Jean-Cap-Ferrat
Tel: 0033 (0)4 93013309
www.villa-ephrussi.com
März – Oktober 10.00 – 18.00 Uhr,
Juli und August bis 19.00 Uhr,
November – Februar wochentags
10.00 – 18.00 Uhr, am Wochenende
14.00 – 18.00 Uhr

Parc du Mont Boron

Der großzügige Parc du Mont Boron mit den für Südfrankreich typischen Pinienbäumen und den immergrünen Eichen liegt hinter dem Hafen auf einem der Hügel, die Nizza umgeben. Seine Bewohner kommen sehr gern hierher, um unter den schattigen Bäumen mit der ganzen Familie einen Spaziergang zu machen. Von der Spitze des Hügels hat man einen schönen Blick auf Nizza und das Mittelmeer. Es gibt ein über zehn Kilometer langes Netz aus markierten Wanderwegen, die sich perfekt für kleine Wanderungen, Radtouren und zum Joggen anbieten.

Boulevard du Mont Boron,
Route forestière du Mont Boron und
Chemin des Hespèrides, 06300 Nizza

Parc de la Colline du Château

Der Parc de la Colline du Château ist ein schnell zu erreichender sowie fantastischer Ort in Nizza für alle, die ein wenig Grün suchen oder ein Picknick machen möchten. Der 100 Meter hohe Hügel mit seinen Pinien, Johannisbrotbäumen, Feigenbäumen und Aloen liegt zwischen der Altstadt und dem Hafen und ist mit dem Lift über die Rue des Ponchettes unterhalb des Turms Tour Bellanda zu erreichen. Oben angekommen, befindet man sich auf der Friedrich-Nietzsche-Terrasse, benannt nach dem deutschen Philosophen, der hier oben während seiner Nizza-Besuche gern spazieren ging. Von dort genießen Sie auch einen herrlichen Ausblick über die roten Ziegeldächer der Altstadt und das tiefblaue Meer.

Rue de Foresta, 06300 Nizza

Jardin Val Rahmeh

Der farbenprächtige, von passionierten englischen Botanikern angelegte Jardin Val Rahmeh liegt unweit der Uferpromenade von Menton und beeindruckt durch seine Vielfalt an Pflanzen aus aller Welt, die bei dem subtropischen Klima hervorragend gedeihen können. In friedlicher Ruhe lässt sich die exotische Pflanzenwelt bestaunen, darunter das seltene Exemplar eines Sophora Toromiro, dem mythischen Baum der Osterinsel. Seit den Sechzigerjahren befindet sich hier die Zweigstelle des Nationalen Museums für Naturgeschichte.

Jardin botanique exotique du
Val Rahmeh, Muséum national
d'histoire naturelle
Avenue Saint-Jacques, 06500 Menton
Tel: 0033 (0)4 93358672
jardinvalrahmeh.free.fr
Mai – August: 10.00 – 12.30 Uhr
und 15.30 – 18.30 Uhr
September – April: 10.00 – 12.30 Uhr
und 14.00 – 17.00 Uhr
Dienstag geschlossen

Serre de la Madone

Der bezaubernde botanische Garten Serre de la Madone wurde von dem Engländer Lawrence Johnston zwischen 1919 und 1939 in Menton angelegt und steht heute unter Denkmalschutz. Mit seinen verwilderten und exotischen Pflanzen zwischen Springbrunnen und alten Skulpturen ist er an romantischer Atmosphäre nicht zu übertreffen.

74, Route de Gorbio, 06500 Menton
Tel: 0033 (0)4 93577390
www.serredelamadone.com
April – Oktober 10.00 – 18.00 Uhr,
Dezember – März 10.00 – 17.00 Uhr

Weitere sehenswerte Gärten in Menton finden Sie hier:

www.jardins-menton.fr

HÔTEL DU CAP-EDEN-ROC

Das herrschaftliche Belle-Époque-Luxushotel Cap-Eden-Roc in Cap d'Antibes empfängt seit 1870 den Adel und die Prominenz dieser Welt. Der majestätische Aufenthalt, der Exklusivität und Privatsphäre verspricht, machte dieses Hotel zum Treffpunkt für Filmstars und Künstler von Joan Collins bis Madonna. General Eisenhower, Picasso und Chagall überwinterten luxuriös im Cap-Eden-Roc und nutzten den Privatstrand des Hotels. Die 2011 neu renovierten Zimmer des Hauses verfügen alle über eine Privatbar und haben einen atemberaubenden Ausblick direkt auf das Meer. Mit seinem neun Hektar großen Park, dem Gourmetrestaurant, der Bellini Bar, Spa, Tennisplätzen und dem berühmten Meerwasserpool, der im vorigen Jahrhundert aus dem Felsen herausgehauen wurde, ist es ein Zufluchtsort für Luxusreisende, denen es im Cap-Eden-Roc an nichts fehlt.

Tipp: Wenn Sie als Nicht-Hotelgast das Celebrity-Feeling spüren möchten, kommen Sie auf einen Aperitif in das Eden-Roc Bar & Grill-Restaurant. Die einmalige Terrasse schwebt direkt über dem Pool und bietet einen sensationellen und unverbauten Blick auf das Mittelmeer und die Îles de Lerins.

Boulevard JF Kennedy, 06601 Antibes
Tel: 0033 (0)4 93613901
www.hotel-du-cap-eden-roc.com

DER MISTRAL

Der oftmals raue kalte Wind, der im Frühjahr und Herbst aus nordwestlicher Richtung über Frankreich zum Mittelmeer mit Geschwindigkeiten von bis zu 100 Kilometern pro Stunde weht, ist vor allem in der Provence bekannt. Der unbeugsame Mistral lässt in Windeseile die Temperaturen fallen und Stürme aufkommen. Der blaue Himmel und das klare, frische Wetter „bringen die Gesundheit in die Region", so sein Ruf. Diesige Luft verweht und die Sonnenstrahlen finden ihren Weg. Nach meist tagelangem Wehen des Windes hat man eine wunderbare Fernsicht, der wolkenlose Himmel und die klare Sternensicht bei Nacht schließlich sind das beeindruckende Ergebnis des stürmenden Mistrals. Die Côte d'Azur bleibt größtenteils verschont, meist sind entlang der Riviera deutlich schwächere, böige Fallwinde zu spüren.

BOULE SPIELEN

Boule ist für die Franzosen weitaus mehr als nur eine Freizeitaktivität, es handelt sich um das wohl bedeutendste französische Nationalspiel. Boule kann überall da gespielt werden, wo es etwas freien Platz gibt. Der beliebte Volkssport gehört zum entspannten Flair des Südens. Allein das Beobachten dieser gemeinschaftlichen Nachmittagsbeschäftigung wirkt entspannend. So mangelt es den oftmals älteren Spielern nur selten an interessiertem Publikum. Stundenlang werden die Kugeln gerollt, bis in die späten Abendstunden begeistern sich die Mannschaften für ihr Spiel. Wer dieses Spektakel verfolgen möchte, braucht meist nicht lange suchen, und mit einem kleinen Snack versorgt, lässt sich die nachmittägliche Sonne und ein Stück südfranzösischer Lebensart genießen.

Unser Lieblings-Boule-Platz:
Place Général de Gaulle,
06570 Saint-Paul de Vence
Place des Lices, 83990 Saint-Tropez

DIE KULINARISCHE CÔTE D'AZUR

Die Côte d'Azur und die Provence sind ein Mekka für die Sinne. Die Küche duftet nach Rosmarin und Thymian. Aprikosen oder Zucchini wachsen unter der Sonne der Provence üppiger und prächtiger als anderswo. Das herrliche Gemüse wird mit Aioli, einer Knoblauchmayonnaise, serviert, die Soupe au Pistou, eine herrliche Gemüsesuppe, mit Basilikum-Knoblauch-Paste und die Artischocken mit einer Kräutervinaigrette. Alles bodenständige Gerichte, die durch das intensive Aroma der Zutaten zu Delikatessen werden. Aus Nizza stammt auch der Gemüseeintopf Ratatouille, ursprünglich ein Arme-Leute-Gericht, das Auberginen, Tomaten, Gemüsezwiebeln und Zucchini aufs Köstlichste vereint und in den Achtzigerjahren in Nordeuropa seinen Einzug hielt. Nicht zu vergessen der Salade Niçoise, von dem es fast so viele Varianten wie Einwohner Nizzas gibt. Hoch beliebt ist auch die Bourride, eine verfeinerte Alternative der Bouillabaisse. Anders als bei der kräftigen Bouillabaisse wird sie mit Eigelb und Aioli verfeinert, durch ein Sieb passiert und über verschiedene Weißfischfiletsorten gegossen. Um das sommerliche Bild abzurunden, gehört dazu noch ein fruchtiger, gut gekühlter Rosé Côte-de-Provence.

SPEZIALITÄTEN AUS SÜDFRANKREICH

Bouillabaisse

Ein Gourmet-Klassiker der Südfranzosen ist die Bouillabaisse, eine nahrhafte Fischsuppe aus dem Raum Marseille, die viele mediterrane Köstlichkeiten in sich vereint. Bei all den Unterschieden in der Rezeptur müssen Seeaal, Knurrhahn und Drachenkopf bei einer waschechten Bouillabaisse enthalten sein. Aber auch Seeteufel, Brasse oder Meeresfrüchte finden ihren Weg in den Suppentopf. Neben dem Fisch, der am Tisch dann separat serviert wird, enthält die Bouillabaisse vor allem Zwiebeln, Tomaten, Knoblauch, verschiedene frische Gewürze und – je nach Belieben – einen Schuss Weißwein oder Cognac. Nachdem die Brühe bis zu einer Dreiviertelstunde gekocht wurde, genießt man sie mit gerösteten Baguette-Scheiben und Rouille, einer scharfen, sämigen Sauce.

Anchoïade

Die Paste aus Sardellen, Knoblauch und Olivenöl lässt sich wunderbar auf geröstetes Brot streichen oder wird als Dip zu rohem Gemüse gereicht. Selber machen können Sie die Paste je nach Geschmack mit einer variablen Menge Knoblauch. Falls Ihnen die Sardellen zu salzig sind, spülen Sie diese mit Wasser ab oder legen Sie sie in Milch ein.

Pistou

Bei dieser Gemüsesuppe klingen italienische Ursprünge an. Doch während das Pesto Italiano eine Paste ist, die aus Basilikum, Pinienkernen, Olivenöl, Parmesan oder Pecorino besteht, werden beim provenzalischen Pistou die Pinienkerne durch Knoblauch ersetzt. In die provenzalische Gemüsesuppe Soupe au Pistou gerührt, bekommt diese eine wunderbar kräftige Würze.

Farcis Niçois

Es ist nicht erstaunlich, dass die südfranzösische Küche so schlichte, aber höchst genussvolle Gerichte hervorbringt, wenn die Zutaten so üppig vor der Haustür wachsen. Da wäre beispielsweise Farcis Niçois, eine Vorspeise, für die man Tomaten, Zucchini, Zwiebeln, Artischocken, Paprika und Auberginen entkernt und anschließend mit einer Mischung aus Fleisch oder Wurst, in Milch eingeweichtem Weißbrot und verschiedenen Kräutern füllt. Idealerweise genießt man sie ofenfrisch, wenn die Aromen der Zutaten ihre volle Wirkung entfalten. Aber auch als kalte Vorspeise wird die Farcis Niçois geschätzt.

Fleurs de Courgettes Farcies

Ein Hit der provenzalischen Küche sind die Fleurs de Courgettes Farcies, gefüllte Zucchiniblüten, die man an der Côte d'Azur gern mit Brät oder einer Art Ratatouille füllt, der Fantasie sind hier keine Grenzen gesetzt. Sie schmecken nicht nur fantastisch, sondern sind auch ein wahrer Augenschmaus.

Salade Niçoise

Ein Klassiker der provenzalischen Küche, dessen Rezept erstmals im 19. Jahrhundert belegt wurde. Ein frischer Sommersalat, bestehend aus geviertelten Tomaten, Artischockenherzen, Thunfisch, Paprikaschoten, Prinzessbohnen, schwarzen Oliven und Sardellenfilets. In der klassischen Variante werden diese Zutaten in einer mit Salatblättern ausgelegten Schüssel serviert. Überall rund um Nizza wird diese Spezialität angeboten.

Rosé

Ob zum Essen, als Aperitif oder einfach zwischendurch, ein Glas des leichten und frischen Roséweines lässt sich hervorragend bei den sommerlichen Temperaturen genießen. Und das nicht nur im Département Var, dem größten Weinanbaugebiet Frankreichs. Roséweine, wie beispielsweise ein Côte-de-Provence, erfreuen sich heutzutage wachsender Beliebtheit. Traubensorten wie Cinsault, Syrah oder Tibouren werden früh in der Saison gelesen und direkt in der Kelter angepresst, um anschließend so lange zu ruhen, bis Farbton und Aroma der Trauben den Vorstellungen des Winzers entsprechen. Erst jetzt werden die Traubenschalen abgepresst, und der Most kann zu einem fruchtigen Rosé reifen.

Pastis

In den Zwanzigerjahren schmeckte Pastis in jeder Bar ein wenig anders. Alkohol, Wasser, Anis, Lakritz und ein wenig Zucker waren darin und diverse Kräuter. Das alles mixte der Wirt je nach Gusto zusammen. Ob dieses Eklektizismus witterte der junge Paul Ricard seine Chance. Eigentlich wollte er Maler werden, doch stattdessen musste er im Weinhandel seines Vaters arbeiten, und das lenkte seine Kreativität in neue Bahnen. In monatelangen Experimenten entwickelte er den Ricard, begann 1932 im elterlichen Hinterhof mit dessen Produktion und startete eine grandiose Erfolgsgeschichte. Mit seinem lakritzartigen Geschmack erinnert die Komposition an Absinth und wurde zum beliebtesten Aperitif aller Franzosen. Pastis wird immer verdünnt getrunken, mit Eiswasser, nie aber mit Eiswürfeln, da sie eine Absonderung des Anethols bewirken. Selbst die Flaschen dürfen nicht kühl stehen. Durch die Kristallisierung des im Pastis enthaltenen Minzöls entsteht bei der Zugabe des Wassers die charakteristische trübe Farbe. Mancherorts gehört der edle Pastis à l'ancienne zum Angebot. Dieser allerdings wird lediglich mit einem Eisstückchen verlängert und auf keinen Fall und niemals mit Wasser. Wie auch der klassische Pastis ist er eine Köstlichkeit zum frühabendlichen Apéro.

LE PETIT-DÉJEUNER

Bei einem echten französischen Frühstück handelt es sich tatsächlich um ein Petit-déjeuner, die kleine Mahlzeit, mit der der Tag beginnt. Während am Abend ein ausgiebiges Menü in aller Ruhe zelebriert wird, gilt es morgens nur den schnellen Hunger zu stillen mit Croissant, Brioche oder Baguette zu einem Café au lait. Meist ohne große Beilagen serviert, wird das noch ofenwarme Gebäck mit etwas Butter und Marmelade in die Milchkaffeeschale getunkt.

DIE SCHÖNSTEN WOCHENMÄRKTE

Auf den Märkten in den kleinen Städtchen und Dörfern an der Côte d'Azur und im Hinterland kann man die Vielfalt der regionalen Köstlichkeiten und Produkte bestaunen. Das bunte Treiben an den Ständen, die sich meistens im Herzen der Altstadt oder auf einem mittelalterlichen Marktplatz befinden, ist Teil südfranzösischer Lebenskultur. Neben Obst, Gemüse, Käse, Kräutern und Wein sind getrockneter Lavendel, Olivenöl, Honig oder Feigenkonfitüren kleine kulinarische Schätze und ein wunderbares Mitbringsel.

Die schönsten Wochenmärkte gibt es hier:

Cassis
Place Baragnon
Mittwoch und Freitag
8.00 – 13.00 Uhr
(Siehe S. 194)

Saint-Tropez
Place des Lices
Dienstag und Samstag
8.00 – 13.00 Uhr

Ramatuelle
Place de l'Ormeau
Donnerstag- und Sonntagvormittag

Vence
Bauernmarkt, Place du Grand Jardin
Freitag 8.00 – 13.00 Uhr

Nizza
Cours Saleya
Dienstag – Sonntag 8.00 – 13.00 Uhr
(Siehe S. 78)

Antibes
Cours Massena
Täglich 6.00 – 13.00 Uhr

Cannes
Marché Forville
Dienstag – Sonntag 7.00 – 13.00 Uhr

Menton
Place aux Herbes
Täglich 5.00 – 13.00 Uhr
(Siehe S. 108)

FLOHMÄRKTE

Es mag an der langen Geschichte der Côte d'Azur als Kur- und Ferienregion liegen, dass Menschen mit Geld schon immer prachtvoll eingerichtete Paläste und Bauernhäuser hier hatten. Denn nirgendwo sonst gibt es so schöne sommerlich leicht anmutende Landhausmöbel mit Stil. Das wahre Mekka liegt in der Stadt L'Île-sur-la-Sorgue, zwei Autostunden von Nizza entfernt. Von Samstag bis Montag scheint die Stadt nur aus Antiquitäten zu bestehen. Doch auch in Nizza und Umgebung ist die Auswahl groß.

Marché à la Brocante
Cours Saleya, 06300 Nizza
Montag 8.00 – 17.00 Uhr
(Siehe S. 78)

Marché aux Puces
Place Robilante, 06300 Nizza
Dienstag – Samstag 10.00 – 18.00 Uhr

Marché d'Art des Antiquaires
Rues Gauthier, Segurance, Philibert, Foresta, 06300 Nizza
Montag – Samstag 10.00 – 12.00 Uhr und 15.00 – 18.30 Uhr

SHOPPING-TIPPS – AUSGESUCHTE LÄDEN

Römersandalen
Die Römersandalen von Jacques Keklikian werden seit 1933 hergestellt, sind heute noch im Trend und ein Shopping-Highlight bei Schuhliebhabern. Die zeitlose Ledersandale ist

der perfekte Sommerschuh, der sich lässig an der Strandbar oder zum Kleid im Restaurant tragen lässt.

K. Jacques
39, Rue Allard und 28, Rue Seillon
83990 Saint-Tropez
www.kjacques.fr

Zum Saint-Tropez-Look gehören die Tropéziennes, ein Sandalen-Klassiker, der von der aus Italien eingewanderten Familie Rondini schon 1927 fabriziert wurde. Der Maître fertigt sie Ihnen auch auf Maß an.

Rondini
16, Rue G. Clemenceau
83990 Saint-Tropez
Tel: 0033 0(4) 94971955
www.rondini.fr
Dienstag – Samstag 9.30 – 12.30 Uhr
und 14.00 - 18.00 Uhr

Pour vos beaux yeux
Der beste Laden Europas für Retrobrillen, eine wahre Fundgrube! Und hat man einmal angefangen, in den wunderschönen kleinen Kästchen, die in den alten Regalen stehen, zu stöbern, gibt es kein Halten mehr. Ein Modell wie aus „Frühstück bei Tiffany“? Kein Problem. Ebenso wenig wie das der Monroe in „Wie angelt man sich einen Millionär?“. Hier finden Sie jedes kultige Gestell, und fast alle sind von bekannten Brands wie Yves Saint Laurent, Chanel, Persol und Ray Ban. Doch auch seltene Modelle von kleinen feinen Labels werden aus der ganzen Welt zusammengetragen.

10, Rue Alexandre Mari, 06300 Nizza
Montag – Samstag 10.00 – 19.00 Uhr
Sonntag geschlossen

Bouchons – tout pour la cave
Korken, Glasflaschen, Blechkanister, einfach alles, was man braucht, um Marmelade, Wein oder Olivenöl abzufüllen. Ein herrlicher Laden für Puristen und Fans von „Es gibt sie noch, die guten Dinge“.

8 – 10, Rue Ségurane, 06300 Nizza
Tel: 0033 (0)4 93555119
www.toutpourlacave38.com
Montag – Freitag 8.00 – 12.00 Uhr
und 14.00 – 18.30 Uhr
Samstag und Sonntag geschlossen

Le Palais d'Osier Vannerie

Vom Strandkorb bis zur traditionellen Ibiza-Strandtasche stapeln sich in der traditionellen Korbflechterei wunderschöne Korbwaren für ganz unterschiedliche Zwecke. Die Besitzerin flicht vor Ort und die gute Verarbeitung sieht man den Taschen auch an.

3, Rue de la Préfecture, 06300 Nizza
Tel: 0033 (0)4 93625776
Montag – Samstag 9.30 – 19-00 Uhr
Sonntag geschlossen

FESTIVALS

Januar

Was für den Schauspieler der Oscar ist, ist für die Zirkuswelt der goldene Clown. Das wichtigste Zirkusfestival der Welt findet Mitte Januar in Monte Carlo statt. Das Fürstentum verwandelt sich in eine große Manege und lädt Artisten ein, ihr Können vorzuführen.

www.montecarlofestival.mc

Februar

Seit 1920 feiert die Stadt Bormes den Frühlingsanfang mit der Blütezeit des Mimosenbaumes. Festlich geschmückte Wagen fahren durch die Gemeinde, die sich in diesen Tagen als goldgelbes Blumenmeer präsentiert.

www.bormeslesmimosas.com

Ende Februar geht es in Nizza besonders bunt zu: erleben Sie den Karneval, der hier gleichzeitig ein großes Frühlingsfest ist. Freuen Sie sich auf blumenverzierte Umzugswagen, Tanzgruppen und fantasievolle Kostüme!

www.nicetourisme.com

Das Zitronenfest in Menton findet Ende Februar bis Anfang März an drei Sonntagen statt. Riesige mit Zitronen und Orangen geschmückte Figuren ziehen an der Promenade du Soleil entlang. Ein beeindruckendes und fröhliches Fest, das mit seinem Reichtum an Gaben begeistert.

www.tourisme-menton.fr

Mai

Die Filmfestspiele von Cannes finden im Mai statt und bringen das Weltkino in die Hafenstadt. Glamour pur, hier treffen sich die Reichen und Schönen. Sehen und gesehen werden heißt es hier, und die Gäste teilen das Fest mit dem kosmopolitischen Flair mit Leinwandkünstlern aus aller Welt.

www.festival-cannes.fr

Juni/Juli

Das Fest des Meeres ist den Fischern von Cassis gewidmet. Köstliche Meeresspezialitäten werden von den Restaurants an der Hafenpromenade serviert. Mit einer abschließenden Parade werden die anliegenden Boote gesegnet.

www.ot-cassis.com

Oktober

Taucht die Cote d'Azur in die Herbstlandschaft, dreht sich alles um die Kastanie. In vielen Dörfern liegt ab Oktober der Duft von gerösteten Kastanien in der Luft. Den größten Andrang erlebt jedes Jahr aufs Neue das Bergdorf Collobrières.

www.collobrieres-tourisme.com

DIE SCHÖNSTEN STRÄNDE AN DER RIVIERA

Die Strände der Côte d'Azur sind in ihrer Beschaffenheit recht unterschiedlich, von groben Steinstränden, die sich unterhalb der Hauptverkehrsstraße entlangziehen, bis hin zu traumhaft weißen Sandstränden mit Südsee-Feeling.

Sehen und gesehen werden

Der wohl bekannteste Strand ist der Plage de Pampelonne in Ramatuelle. Viele der Strandabschnitte gehören den Beachclubs und sind nur für deren Gäste zugänglich. Der Club 55 zählt zu den schönsten, da man hier vom Partylärm des Jetsets verschont bleibt. Jedoch gibt es auch Bereiche, die von allen zum Baden genutzt werden können. Von Autolärm und trubeligen Strandpromenaden bleibt man hier unbehelligt.

Pampelonne Beach
zwischen Ramatuelle und
Saint-Tropez

Club 55
(Siehe S. 152)

Der schicke Stadtstrand

Castel Plage ist der prominenteste Partystrand mit dem schönsten Restaurant an der Promenade. Die Schönen von Nizza finden sich hier schon bei den ersten sonnigen Tagen ein. Mittags genießt man klassisch die gute Küche und lässt sich auf den Liegestühlen mit herrlichem Blick über die Bucht bräunen. Der Castel Plage liegt direkt vor dem Cours Saleya ganz am Ende der Bucht. Abends finden regelmäßig Partys statt. Außerdem wird die weltweite Wahl der zukünftigen Models der berühmten Agentur Elite am Castel Plage abgehalten. Einen halben Tag an dem In-Beach zu verbringen, lohnt sich schon, und wenn Sie Spaß daran haben, sich im schicken Strand-Outfit zu präsentieren, sind Sie hier genau richtig.

Castel Plage
8, Quai des États-Unis, 06300 Nizza
Tel: 0033 (0)4 93852266
in der Sommersaison:
Restaurant täglich 9.00 – 23.00 Uhr,
Strand täglich 9.00 – 20.00 Uhr

Der relaxte Stadtstrand

Der Strand in Cassis, der sich direkt am alten Hafen befindet, gehört mit seiner Aussicht auf die Felsenküste zu den schönsten Stadtstränden der Côte d'Azur. Am Wochenende kann es voll werden, da die Familien aus Marseille zum Baden nach Cassis fahren. Zwischendurch kann man sich im lässigen Beach-Restaurant Bada mit einem Sandwich oder Salat stärken.

Ruhigere Strände findet man entlang der Calanques, welche aber nur per Boot oder zu Fuß zu erreichen sind. Infos unter: www.ot-cassis.com.

Plage de la Grande Mer, Anse du Corton, Anse de l'Arène, Plage du Bestouan, Cassis

Bada Restaurant (Siehe S. 178)

Der verborgene Stadtstrand

Abseits des Rummels von Saint-Tropez und Nizza liegt in einer Bucht das reizvolle Cap d'Antibes. Zwischen Pointe de I'nette und Port de la Saus gibt es einen kleinen öffentlichen Strand mit herrlich kristallklarem Wasser. Berühmter ist der Plage de la Garoupe mit seinem goldenen Sandstrand.

Pointe de I'nette und Port de la Saus
Antibes, Cap d'Antibes

Plage de la Garoupe
Antibes, Cap d'Antibes
Fast wie in der Karibik

Karibikähnliche Strände bietet die Insel Porquerolles. Die größte der vor Toulon gelegenen Inselkette von Hyères besitzt die schönsten Strände der Côte d'Azur, allerdings kann man sie nur mit dem Schiff erreichen.

Plage Notre-Dame, Île de Porquerolles, Hyères
Anfahrt von den umliegenden Häfen

CANNES

Cannes präsentiert sich etwas anders als die meisten Küstenstädte entlang der Côte d'Azur. Es wirkt fast wie eine etwas vergessene Kleinstadt, wenn es nicht im Scheinwerferlicht seiner Festivals steht, die hier jährlich stattfinden. Sein Aushängeschild ist der Boulevard de la Croisette. Die Zuckerbäckerpaläste erscheinen eher wie Schlösser am Meer als Hotelanlagen. Entlang der Palmenpromenade, vorbei an den gigantischen Fassaden des Le Majestic, Martinez und des Carlton Hotels, erliegt man dem Charme der Belle Époque und stellt sich vor, wie die Filmstars in diesen architektonischen Schmuckstücken ihre Feste während des Filmfestivals feiern.

Die Strände der Croisette gehören entweder zu den Hotels oder sind in Privatbesitz, für deren Benutzung ein Entgelt verlangt wird.
Die 1870 erbaute Markthalle Marché Forville in der Altstadt ist eine der schönsten der Region und auf jeden Fall einen Besuch wert.

Die internationalen Filmfestspiele von Cannes

Jedes Jahr im Mai wird die Croisette, der berühmte Boulevard in Cannes, zur Drehscheibe der internationalen Filmbranche. Seit 1946 werden dort die Filmfestspiele von Cannes ausgerichtet und gehören als sogenanntes A-Festival zu den wichtigsten Ereignissen für Schauspieler, Regisseure und Produzenten weltweit. Der bedeutende Preis ist die „Goldene Palme“, die den besten Film des Wettbewerbs kürt und von einer hochrangig besetzten Jury vergeben wird. Schlagzeilen machte das Festival auch während der Mai-Unruhen 1968, als eine Gruppe von Filmschaffenden (unter anderem Roman Polanski) das Palais des Festivals et des Congrès stürmte, um ihre Solidarität mit den Protestlern zu bekunden, und damit für den Abbruch der Filmfestspiele sorgten. Seit 2011 gibt es einen neuen Preis, die Ehrenpalme, die Filmemacher für ihr Lebenswerk auszeichnet und wie alle anderen Preise von dem Schweizer Juwelier Chopard angefertigt wird. 2012 feiern die Internationalen Filmfestspiele von Cannes ihr 65. Jubiläum.

FESTIVAL DE CANNES

DER DUFT VON GRASSE

Die Stadt der Düfte ist spätestens seit dem Roman von Patrick Süskind jedem bekannt. Die Parfum-Metropole Südfrankreichs, die sich im Hinterland von Cannes befindet, ist mit ihrer historischen Altstadt und der Kathedrale Notre-Dame-du-Puy, in der drei Gemälde von Rubens zu besichtigen sind, allemal einen Besuch wert. Die Parfumherstellung ist nach dem Tourismus noch heute eine der wichtigsten Einnahmequellen der Stadt. Die drei bekanntesten Parfumfabriken Frankreichs, Molinard, Galimard und Fragonard, haben ihren Sitz in Grasse und bieten täglich Führungen an, um beim Verarbeitungsprozess der Wohlgerüche Zeuge zu sein. Wer sein eigenes Parfum kreieren möchte, kann bei Galimard an einem zweistündigen Workshop teilnehmen, um in die Kunst des Schnupperns eingeführt zu werden. Über die Geschichte des Parfums und wie man im 16. Jahrhundert in Parfumdestillerien aus Lavendel, Rosen, Jasmin und Orangenblüten die edlen Essenzen gewonnen hat, erfährt man im Museé International de la Parfumerie. Im Hotelrestaurant La Bastide Saint Antoine empfiehlt sich die Küche von Jacques Chibois. Das ehemalige Landhaus aus dem 18. Jahrhundert bietet umgeben von einem tausendjährigen Olivenhain einen traumhaften Ausblick auf die Region.

www.ville-grasse.fr

Notre-Dame-du-Puy
Rue Grazan, 06130 Grasse
Montag – Freitag 10.00 – 18.00 Uhr,
Samstag und Sonntag
15.00 – 17.30 Uhr

Fragonard
The Historic Factory
20, Boulevard Fragonard
06130 Grasse
Tel: 0033 (0)4 93364465
www.fragonard.com
Februar – Oktober täglich
9.00 – 18.00 Uhr,
November – Januar täglich
9.00 – 12.30 Uhr und
14.00 – 18.00 Uhr

La Maison Galimard
73, Route de Cannes, 06131 Grasse
Tel: 0033 (0)4 93092000
www.galimard.com
Täglich geöffnet

Musée International de la Parfumerie
2, Boulevard du Jeu de Ballon
06130 Grasse
Tel: 0033 (0)4 97055800
www.museesdegrasse.fr
Mai – September täglich
10.00 – 19.00 Uhr, Oktober – März
Mittwoch – Montag 11.00 – 18.00 Uhr,
Dienstag geschlossen,
April täglich 11.00 – 18.00 Uhr

La Bastide Saint Antoine
48, Avenue Henri-Dunant
06130 Grasse
Tel: 0033 (0)4 93709494
www.jacques-chibois.com

Buchtipp: „Das Parfum"
Patrick Süskind
Der lange Weg des Protagonisten Jean-Baptiste Grenouille in Patrick Süskinds Kriminalgeschichte „Das Parfum" führt ihn eines Tages nach

Grasse in die Stadt der guten Düfte. Selbst ganz ohne Eigengeruch, aber mit einem absoluten Geruchssinn ausgestattet, beschließt Grenouille, das beste Parfum der Welt zu kreieren. In der Parfum-Metropole Grasse erlernt er das Handwerk der Duftkomposition. Die Geschichte eines Mörders auf der Suche nach dem perfekten Duft erlebt hier ihren Höhepunkt. Nach Erscheinen des Romans wurde Grasse, 20 Kilometer von Cannes entfernt, weltweit bekannt.

MONACO

Steuerparadies, Zwergstaat, Manhattan der Côte d'Azur oder Operettenfürstentum, es gibt viele Bezeichnungen für den Stadtstaat Monaco, der mit seiner Küstenlänge von gerade mal vier Kilometern in der ganzen Welt bekannt und berüchtigt ist. Monegassen trifft man in dem zweitkleinsten Staat der Welt eher nicht an. Neben den Millionären, die sich mit einer Immobilie in Monte Carlo sesshaft machen, um von der Einkommenssteuer im eigenen Land befreit zu bleiben, sind es die Touristen, die das Stadtbild prägen. Täglich treffen sie scharenweise ein, um den Mythos Monte Carlos mit ihrer prominenten Fürstenfamilie einzufangen. Besonders viel bekommt man in der Stadt, die einer Theaterkulisse gleicht, nicht geboten. Die Altstadt, die sich auf dem Grimaldi-Felsen befindet, ist mit dem Casino, das von dem Architekten der Pariser Oper Charles Garnier entworfen wurde, aber einen Besuch wert. Anschließend sollte man sich in der Brasserie Café de Paris oder der Bar Américain einen Platz ergattern, um das Treiben der mondänen Welt zu beobachten. Die Chance, einen Promi zu sichten, ist sehr hoch.

Brasserie du Café de Paris
Place du Casino, 98000 Monte Carlo
Tel: 00377 98 067623
Täglich 8.00 – 2.00 Uhr

Le Bar Américain im Hotel de Paris
Place du Casino, 98000 Monte Carlo
Tel: 00377 98 063838
www.hoteldeparismontecarlo.com
Täglich 10.30 – 2.00 Uhr

GRIMALDI-FAMILIE

Die Familie der Grimaldis stammt ursprünglich aus dem Raum Genua, von wo sie jedoch im 13. Jahrhundert vertrieben wurden. Lange waren sie nicht auf der Suche nach einer neuen Bleibe, da Francesco Grimaldi, als Franziskanermönch verkleidet, die Festung Monaco eroberte. Allerdings sollten sie diese auf Wirken Karls II. von Neapel schon bald wieder abgeben. Erst durch Rainiero, der wegen seiner Verdienste in der Armee vom französischen König mit Grundbesitz belohnt wurde, erlangten die Grimaldis erneut die Herrschaft über Monaco. Der Grundstein für den Reichtum des heutigen Fürstentums Monaco wurde durch die Errichtung des legendären Spielcasinos gelegt, welches sich im mondänen Quartier Monte Carlo befindet. Vor allem seit der Vermählung Rainiers III. mit der US-amerikanischen Schauspielerin Grace Kelly (später Gracia Patricia, die 1982 bei einem Verkehrsunfall tödlich verunglückte) strömte der internationale Jetset nach Monaco. Seit dem Tod des Fürsten im Jahre 2005 regiert sein Sohn Albert II. das Kleinod am Mittelmeer.

SANARY-SUR-MER: EXIL DEUTSCHER SCHRIFTSTELLER

In Sanary-sur-Mer, einer Hafenstadt zwischen Marseille und Toulon, suchten viele deutsche Schriftsteller im Jahr 1933 Exil. Auf der Flucht vor der nationalsozialistischen Herrschaft fanden unter anderem Thomas Mann, Lion Feuchtwanger, Bertolt Brecht und Franz Werfel ihren Weg nach Sanary-sur-Mer. Die Spuren der deutschen Literaten können noch heute in der Hafenstadt entdeckt werden. Zwischen erneuter Flucht und Vertreibung wurde Sanary-sur-Mer zu einer Zwischenstation, deren Schönheit die Exilanten immer wieder rühmten.

„Über den Dächern von Nizza" (1955)
Regie: Alfred Hitchcock

Der Meister des Suspense wählte die farbenfrohe sonnengeflutete Kulisse der französischen Riviera als Filmkulisse. Der Thriller wurde nicht nur in Nizza gedreht, auch Grasse, Cannes, Èze Village und Monaco waren Schauplatz rasanter Verfolgungsjagden und beeindruckender Filmsequenzen. In den Hauptrollen glänzen Carry Grant und Grace Kelly. Die Hollywoodschauspielerin begegnete während der Dreharbeiten Rainier von Monaco und avancierte ein Jahr später zur Fürstin.

„Der Swimmingpool" (1969)
Regie: Jacques Deray

Gerüchten zufolge soll die Villa in der Nähe von Saint-Tropez mit dem Swimmingpool, der dem Film seinen Titel gab, für eine horrende Summe zu vermieten sein. Am besten erkundigt man sich bei den Einheimischen in Ramatuelle, wie man zu dem Landhaus und seinem Inhaber gelangt. An jenem legendären Pool räkeln Romy Schneider und Alain Delon in den Hauptrollen ihre sonnengebräunten Körper und verstricken sich in einer Vierecksgeschichte, die schließlich in einem Psychodrama mündet.

„Und immer lockt das Weib" (1955)
Regie: Roger Vadim

Der Skandalfilm machte Brigitte Bardot über Nacht zum Weltstar. Die blonde Schönheit spielt eine 18-jährige Waise, deren Anziehungskraft allen Männern den Kopf verdreht. Das Liebesdrama mit Curd Jürgens als ihr Gegenspieler wurde hauptsächlich in Saint-Tropez gedreht. Als der Film 1957 erstmals in den USA gezeigt wurde, empörte er weltweit. Was die Aufmerksamkeit um das Werk umso mehr steigerte und den Mythos der Bardot begründete.

„Sag niemals nie" (1983)
Regie: Irvin Kershner

Seinen letzten James Bond spielte der Hollywoodstar Sean Connery an der Seite von Kim Basinger als Bond-Girl und Klaus Maria Brandauer in der Rolle des Bösewichts, der ein biometrisches Sicherheitssystem austrickst. Die Casinos und Palmenpromenaden als Spielplatz der Reichen und Schönen sowie die berühmte Luxusjacht Nabila, die im Hafen von Antibes liegt, schaffen die perfekte Filmkulisse für den Actionthriller in einer coolen Welt des Glamours.

BUCHTIPPS

„Das Buch von der Riviera"
von Erika und Klaus Mann

Im Jahr 1931 reiste das Geschwisterpaar Erika und Klaus Mann an die französische Riviera und verfasste einen ungewöhnlichen Reiseführer, den unter anderem Henri Matisse mit liebevollen Skizzen illustrierte. Beschrieben werden die Möglichkeiten, sich auch mit wenig Geld an der Côte d'Azur bestmöglich zu vergnügen. Marseille, Cannes und auch Monte Carlo sind nur einige Stationen der beiden abenteuerhungrigen Reisenden.

„Bonjour tristesse"
von Françoise Sagan

Mit nur 18 Jahren schrieb sie ihren ersten Roman „Bonjour tristesse". Sie vermittelt darin eindrucksvoll das lässige Lebensgefühl ihrer Generation der Fünfzigerjahre und die Atmosphäre an der Côte d'Azur. Reichtum und Lebenslust, Stadtbummel und Segeltouren, Abendgesellschaften und Strandausflüge beschreiben eindrücklich das Savoir-vivre der Sommermonate an der Küste. Liebesaffären und Komplotte, die im Wohlstand der Langeweile trotzen. Eine wunderbare Ferienlektüre im Schatten der Sonne des Südens bei einem guten Glas Wein.

PERSÖNLICHKEITEN

Katherine Mansfield (1888 – 1923)

Als die neuseeländische Schriftstellerin Katherine Mansfield 1915 von Bandol nach Italien reisen wollte, erkrankte die berühmte Kurzgeschichten-Erzählerin an Tuberkulose. In Menton musste sie auf der Durchreise behandelt werden, dort entstand ihre Liebe zum Süden Frankreichs. Die letzten zwei Jahre ihres kurzen turbulenten Lebens arbeitete und lebte sie in ihrer Villa Isola Bella in Menton. Fünf ihrer wichtigsten Erzählungen entstanden in dieser Zeit, unter anderem „Miss Brill". Auf der Suche nach Heilung fand die Autorin Ruhe an dem östlichsten französischen Ort.

Henri Matisse (1869 – 1954)

Henri Matisse, der in Nordfrankreich geboren wurde, wählte des gesunden Klimas wegen auf Anraten seines

Arztes Nizza zu seiner neuen kreativen Heimat. Von 1916 bis 1954 kam der Maler in jedem Winter nach Nizza, das milde Wetter und die Strahlkraft der Landschaft förderten seine Genesung und kreativen Schaffensprozesse. Das Musée Matisse im Stadtteil Cimiez gehört zum Pflichtbesuch für jeden Kunstliebhaber. Früh- sowie Spätwerke geben ganzheitlich Aufschluss über das Wirken des modernen Künstlers. Hier kann man erkennen, wie das besondere Licht und das Farbenspektrum der Region seine Malerei maßgeblich beeinflussten.

Jean Cocteau (1889 – 1963)

Der facettenreiche und weitgefasst talentierte Künstler malte gemeinsam mit Picasso. Charlie Chaplin, Marcel Proust und Edith Piaf zählten zu seinen Freunden. Der Mitbegründer des Surrealismus, der als Schriftsteller ebenso erfolgreich war wie als Maler und Regisseur, bekundete stets offenherzig seine Liebe zur Côte d'Azur. Menton entdeckte er 1955 und verliebte sich sofort in die Hafenstadt. Hierher kehrte er immer wieder zurück, um zu genesen, auszuspannen, aber auch, um zu arbeiten. Spuren seines Wirkens lassen sich noch heute weitläufig verfolgen. Menton ernannte ihn 1958 zum Ehrenbürger und huldigt seiner Schaffenskraft mit gleich zwei Museen.

Coco Chanel (1883 – 1971)

Die legendäre Modeschöpferin und Erfinderin des Parfum-Klassikers Chanel N°5, die von sich behauptete, die Frauen aus dem Korsett befreit zu haben, kaufte 1927 die Villa La Pausa in der französischen Gemeinde Roquebrune-Cap-Martin. Coco Chanel machte das Haus zu ihrem Rückzugsort an der Côte d'Azur, hier feierte sie mit ihren unzähligen Liebhabern und Freunden, darunter Picasso, Cocteau, Dalí, Strawinsky und Romy Schneider, rauschende Feste. Die Boheme ging bei ihr ein und aus, aber auch hochkarätige Politiker wie Winston Churchill gehörten zu ihrem Freundeskreis.

25, Rue François Sibilli
83990 Saint-Tropez

MEINE PERFEKTE WOCHE

Montag:

Dienstag:

Mittwoch:

Donnerstag:

Freitag:

Samstag:

Sonntag:

NOTIZEN

NOTIZEN

NOTIZEN